张 兴 著

Research on the Adjustment of
Pension System Structure

养老金制度
结构性调整研究

中国人民大学出版社
·北京·

养老金制度结构性调整研究

前　言

人口老龄化加剧，经济增速下降，公共财政能力不足，决定了现收现付的公共养老金制度在人口老龄化高峰期、高原期结束之前将面临持续的、日益严峻的资金压力。这促使很多国家调整养老金制度结构，试图通过发展完全积累制的私人养老金（包括职业年金、个人养老金等）来减轻公共养老金的压力。中国发展多层次养老保险制度体系也正是循着这种思路。

养老金制度结构调整的目标是合理划分公共养老金和私人养老金各自应该且能够担负的养老保障责任。但养老金制度的运行不是单纯的财务问题。养老金制度通过筹资、收入再分配、投资等活动与就业、收入分配、金融等领域密切关联，从而成为经济制度的重要组成部分，其运行结果亦深受宏观经济的影响。养老金制度的选择也受到一个国家或地区的政治观念、社会制度、意识形态、历史文化传统等因素的影响，经济是其基础，但不唯经济论。

受经济、政治、文化等因素的影响，养老金制度结构调整，从可能性来看，既可能是缩减公共养老金制度、扩大私人养老金制度，也可能是稳定或加强公共养老金制度、有限度地发展私人养老金制度，还可能是削弱私人养老金制度、加强公共养老金制度。然而，无论怎样，一个国家或地区所选择的养老金制度的结构及其调整方向，既要与经济发展相互促进、和谐共生，又要促进社会公平正义和团结稳定。

本书尝试将政治、经济、社会、金融等因素引入对养老金制度结构调整问题的研究，既立足国内，又借鉴域外，希望展示一幅宏观图景，能够更综合、更全面地认识这一问题。由于该研究涉及政治、经济、社会、金融、科技、就业、收入分配、社会保障等诸多领域，而且养老金制度结构调整方向是基于对未来的判断，还需对其中一些关键问题进行前瞻性分析，因此该研究非常具有挑战性。作者受观念视野、知识结构、数据资料等因素制约，对问题的认识难免偏颇，会带有主观倾向性，难以实现完全客观、中立、理性。本书中作者支持什么、质疑什么没有绝对性，所支持的事物也有局限性，所质疑的事物也有合理性，而且事物都是不断发展变化的，作者只是为了观其大略、抓大放小才作如此处理，难免不够全面、细致，甚至会错过重要的东西。

本书的出版，旨在抛砖引玉，希望引起更多的具有不同专业知识背景、关心养老金制度发展的人一起来思考和探讨这个将对中国经济、社会发展产生深远影响的命题。恳请有缘的读者对本书批评指正，对此作者将感念于心。

张　兴

2024 年 7 月于北京

目 录

引 论 ………………………………………………………… 1
  一、问题的提出 …………………………………………… 1
  二、国内外研究概况 ……………………………………… 4
  三、需要进一步研究的问题 ……………………………… 6

第一章 中国养老金制度结构的现状、问题及调整方向选项 …… 9
 第一节 养老金制度结构的现状 ……………………………… 9
  一、城乡分立的基本养老保险制度 ……………………… 9
  二、多层次的养老保险制度体系 ………………………… 11
 第二节 养老金制度结构的问题 ……………………………… 12
  一、多层次养老保险体系结构失衡 ……………………… 12
  二、城乡之间基本养老保险发展不平衡 ………………… 14
  三、城镇职工基本养老保险制度的可持续性
    遭遇挑战 ……………………………………………… 16
 第三节 养老金制度结构的调整方向选项 …………………… 17
  一、多层次养老保险制度结构调整方向选择 …………… 17
  二、社会养老保险城乡结构调整方向选择 ……………… 18

第二章 养老金制度结构调整的理论分析 ……………………… 20
 第一节 世代交叠模型与"艾伦条件" ……………………… 21

第二节	对养老金替代率下降现象的解释……………	23
	一、现收现付制下替代率下降的原因……………	23
	二、基金积累制下替代率下降的原因……………	25
第三节	现收现付制与基金积累制的实现形式……	27
	一、无代际内部收入再分配功能的现收现付制…………………………………	27
	二、有收入再分配功能的现收现付制…………	28
	三、基金积累制…………………………………	29

第三章 养老金制度结构改革的国际实践：起源、趋势与动机 30

第一节	改革起源：公共养老金财务危机……………	31
	一、人口老龄化趋势……………………………	31
	二、公共养老金的财务压力……………………	36
第二节	改革趋势：发展私人养老金计划……………	39
第三节	改革的动机：动力源和约束力………………	45
	一、动力源：相关利益主体有需求……………	45
	二、约束力："艾伦条件"约束力的弱化……	54

第四章 养老金制度结构改革的国际实践：结果与挑战……… 56

第一节	私人养老金计划的投资回报…………………	57
第二节	私人养老金计划的覆盖面及人群特征………	61
	一、私人养老金计划的强制程度………………	61
	二、强制程度对覆盖率的影响…………………	62
	三、强制程度与待遇给付方式的关系…………	63
第三节	扩大私人养老金计划对社会公平的影响……	64
	一、对收入不平等程度的影响…………………	65
	二、中高收入者是私人养老金计划税收优惠政策的主要受益人…………………………	67
	三、私人养老金计划对收入分配的影响………	71

目 录

第四节 日本部分私有化养老金制度结构改革的实践 … 72
　　一、EPF 的由来 …………………………………… 73
　　二、EPF 的运行情况 ……………………………… 74
　　三、EPF 制度失败的教训 ………………………… 76
第五节 智利完全私有化养老金制度结构改革的实践 … 79
　　一、制度的建立和运行 …………………………… 79
　　二、所产生的后果 ………………………………… 80

第五章 中国发展私人养老金制度面临的挑战 ……………… 83

第一节 市场投资回报率变化趋势 ……………………… 84
　　一、国外长期利率变化 …………………………… 84
　　二、国内长期利率变化 …………………………… 85
第二节 市场投资回报率下行的原因 …………………… 87
　　一、经济增长率下降 ……………………………… 87
　　二、资本边际收益递减 …………………………… 88
　　三、宏观经济波动 ………………………………… 89
　　四、政府债务负债率的约束 ……………………… 94
第三节 中国资本市场的特点及对投资的影响 ………… 96
　　一、储蓄的分布结构 ……………………………… 97
　　二、中国资本市场缺"资本"还是
　　　　缺"资产" ………………………………………… 98
　　三、私人养老金能扮演长期投资者的角色吗？… 101
第四节 低利率环境对私人养老基金投资回报率的
　　　　影响 ……………………………………………… 108
　　一、私人养老基金的资产配置结构 ……………… 109
　　二、低利率对私人养老基金投资及养老金
　　　　待遇的影响 …………………………………… 110
　　三、受托金融机构提高非固定收益类资产
　　　　配置比重的压力 ……………………………… 110

	四、低利率环境下私人养老金计划参保人集体的养老财富储备 ……	111
第六章	在中国缩减公共养老金面临的挑战 ……	116
第一节	私人养老金计划可能的"小众"性 ……	117
第二节	来自"就业极化""收入极化"的外部制约 ……	119
	一、"就业极化"和"收入极化"的缘起 ……	120
	二、成因分析 ……	122
	三、中国"就业极化"和"收入极化"的端倪 ……	125
	四、养老金制度结构调整的选择 ……	128
第三节	扩大基本养老保险个人账户的影响 ……	129
	一、"大账户"改革方案下养老金替代率变化 ……	130
	二、"全账户"改革方案下养老金替代率变化 ……	131
	三、对上述结果的讨论 ……	132
第七章	共同富裕对中国养老金制度结构调整的要求 ……	134
第一节	共同富裕与社会保险 ……	135
	一、共同富裕的内涵 ……	135
	二、社会保险促进共同富裕的逻辑 ……	139
	三、社会养老保险促进共同富裕的机理 ……	140
第二节	对共同富裕经济背景的理解 ……	143
	一、中国经济的结构性矛盾 ……	143
	二、"总量式"经济刺激政策的局限性 ……	145
	三、中国经济增长的道路选择：调整供给结构 ……	147
	四、调整供给结构的基础：社会有潜在消费升级的愿望和能力 ……	148

目 录

第三节 养老金制度对国民收入的调节 …………… 150
　　一、基本养老金制度的收入再分配功能 …… 150
　　二、企业缴费是资本向劳动让利的行为 …… 155
　　三、企业年金制度具有局部的收入再分配
　　　　功能 ……………………………………… 156
　　四、财政补贴是普遍而广泛的转移支付 …… 157
第四节 社会保障、储蓄、消费与经济发展 ……… 158
　　一、国民储蓄率及结构变化 ………………… 160
　　二、社会保障支出与储蓄的关系 …………… 165
　　三、社会保障对经济发展的积极作用 ……… 168

第八章 中国养老金制度结构性调整策略 ……………… 172

第一节 基本养老保险的发展策略 ………………… 172
　　一、稳定城镇职工基本养老保险的保障
　　　　功能 ……………………………………… 172
　　二、提高城镇职工基本养老保险的再分配
　　　　能力 ……………………………………… 174
　　三、统筹城乡基本养老保险发展 …………… 175
　　四、加大财政投入力度 ……………………… 176
第二节 私人养老金的发展策略 …………………… 177
　　一、私人养老金税收优惠政策定位 ………… 177
　　二、私人养老金基金投资策略 ……………… 180
第三节 基本养老保险的筹资策略 ………………… 191

主要参考文献 …………………………………………… 195
后　记 …………………………………………………… 199

养老金制度结构性调整研究

引 论

一、问题的提出

养老金制度分为现收现付的公共养老金制度和完全积累的私人养老金制度。公共养老金制度又分为收入关联型养老金制度和非收入关联型养老金制度（养老金待遇水平通常与缴费年限、居住年限等因素相关，而与缴费水平无关）。而公共养老金的收支矛盾随着人口老龄化加深而不断加大，制度可持续性遭遇日益严峻的挑战。与许多国家一样，我国政府正在通过发展私人养老金［包括企业（职业）年金、个人养老金等］来构建多层次养老金制度体系。总体上这是一种以对制度做加法来实现养老金支出结构调整的较为稳妥的改革策略。与政府谨慎务实的做法相比较，理论上学者的主张更加开放多元。一些学者认为仅对制度做加法还不够，还要改革公共养老金制度结构，即缩小我国城镇职工基本养老保险统筹账户规模、扩大个人账户规模，甚至取消统筹账户，单位和个人缴费全部进入个人账户，实行完全积累的私人养老金制度。对养老金制度结构改革方略的争论时强时弱、时隐时现，但从未真正停止，因为争论涉及对公平与效率的不同理解和权衡，背后是价值观和思想理念的不同，而这些都不是轻易能够调和的。

然而，从国际上看，公共养老金制度仍在养老保障问题上发挥主导作用，私人养老金制度的作用比较有限。经济合作与发展组织（OECD）2019年发布的《养老金概览：OECD和G20国家各项指标》报告指出，在老年人收入的四个主要来源中，公共转移支付［与收入挂钩的公共养老金、财力检测待遇（Resource-tested Benefits）等］、私人职业转移支付（职业养老金、遣散费、死亡抚恤金等）、工作收入和资本收入（个人养老金、非养老金储蓄收益等），在65岁以上老年人的总收入中的平均占比分别为55％、10％、25％和10％。即使在强调私人养老金的美国，私人职业转移支付占比不足10％。可见，公共养老金仍是发达国家老年人收入的主要来源。

在公共养老金领域，世界银行推出多支柱养老金的"系统改革"方案之后，据说有38个发展中国家对现收现付的公共养老金制度进行了部分积累制或完全积累制的改革，但除了日本实践过部分积累制、英国于2022年之后取消收入关联型公共养老金制度之外，其他发达国家都"按兵不动"。从实践的结果看，实施改革的38个国家中有21个国家不同程度地"撤退"，或者彻底废除基金积累制，回到现收现付制，如南美的阿根廷、玻利维亚，中东欧的匈牙利、波兰、捷克等国；或者部分地撤回（允许参保人在现收现付制与基金积累制之间自由选择，或者降低基金积累制的缴费率、提高现收现付的缴费率），如南美的秘鲁、乌拉圭、哥伦比亚，中东欧的爱沙尼亚、罗马尼亚、拉脱维亚、俄罗斯、保加利亚等国。① 公共养老金私有化改革最彻底、被世界银行树为样板的智利，也不得不重新建立现收现付公共养老金制度。

在私人养老金领域，政府通常提供税收优惠或财政补贴以激励人们参加私人养老金制度。尽管如此，私人养老金制度的发展仍然令人担忧。一是普惠性差。很多国家非强制的私人养老金制度参与者主要是中高收入者，故私人养老金制度覆盖面较窄，没有成为一个惠及多数人，尤其是中低收入者的主体性养老金制度。中国的企业年金（养老金第二支柱）虽经近二十年的发展，参加人数占企业职工基本养老保险参保人数的比例仍不足7%。对于中国刚刚推出的个人养老金制度（养老金第三支柱）的前景，有学者也预计其今后发展不会很快，因为个人所得税和六项专项扣除之后，"中等收入阶层基本无感"②。二是投资回报率隐忧。如有学者认为私人养老基金的投资回报率，在经过风险调整之后，将不太可能使积累制下的养老金财务的可持续性比现收现付制下好。③ 当前国内外许多研究机构都预测，全球经济很可能会进入一个低增长、低收益的时期。低利率、低增长的经济环境会降低养老金资产的投资收益，潜在减少积累制缴费确定型计划（defined contribution，DC）的未来养老金，影响积累制待遇确定型计划（defined benefit，DB）的偿付能力。④

---

① 王新梅. 公共养老金"系统改革"的国际实践与反思. 社会保障评论. 2018（2）：119-125. 另根据国际劳工组织（ILO）于2018年发布的一份研究报告称，1981年至2014年间，有30个国家进行了养老金私有化改革，但至2018年，其中60%的国家进行了不同程度地逆私有化改革。Isabel Ortiz, Fabio Durán-Valverde, Stefan Urban and Veronika Wodsak, "Reversing Pension Privatizations: Rebuilding public pension systems in Eastern Europe and Latin AmericaEdited", ILO, 2018。

② 楼继伟：建议社保基金投资基准长期化，同时允许配置部分海外市场. 21世纪经济报道，（2020-01-11）. 腾讯财经网站，https://finance.qq.com/a/20200111/029720.htm.

③ Alicia Munnell, A Bird's Eye View of the Social Security Debate, CRR Issue in Brief, No. 25, Center for Retirement Research at Boston College, 2004. 转引自王新梅. 公共养老金"系统改革"的国际实践与反思. 社会保障评论，2018（4）：127.

④ OECD. pensions at a glance 2019: OECD and G20 indicators. OECD publishing, Paris, 2019.

在中国，主张降低养老金制度的统筹功能、扩大积累功能的言论，本质上是让个人承担更多的养老保障责任和风险。面对国际上对公共养老金改革的反思，以及私人养老金发展遭遇的困境和风险，我们需要在研判未来宏观经济运行趋势的基础上，研究城乡居民基本养老保险制度与城镇职工基本养老保险制度之间，城镇职工基本养老保险的统筹账户与个人账户之间，基本养老保险、企业（职业）年金、个人养老金三个支柱之间结构调整的方向、目标、思路和方式方法，以更好地维护最大多数人的养老金权益，维护社会稳定，促进公平正义。

二、国内外研究概况

受人口老龄化冲击，传统的福利养老制度和现收现付的社会养老保险制度都面临财务可持续性问题。于是国内外很多研究都围绕养老金制度结构调整展开，最具代表性的成果就是世界银行提出的三支柱养老金制度体系。包括中国在内的许多国家都将养老金制度应对人口老龄化的希望放在发展私人养老金（包括职业年金和个人养老金）上面。国外关于该问题的研究中，赞成发展多支柱养老保险制度体系、强化私人养老金作用的声音高于质疑的声音。

在国内，不少学者认为，逐渐淡化政府对国民养老保障的刚性责任，转而强调个人自我养老责任，是国际上养老金制度改革的潮流。曾经是典型福利国家的英国，其步伐走得更快一些，正在逐步退出强制性的、与收入相关的、现收现付制的第二层次养老金（《养老金概览：OECD 和 G20 国家各项指标（2019）》）。英国通过税收优惠和养老金管理金融化等激励措施，引导较高收入群体退出第一支柱国家养老金（Contract Out），进入"国家雇员储蓄信托计划"（National Employment Savings Trust），从而减轻国家负担。[①] 在中国，第一支柱

[①] 路锦非，杨燕绥. 第三支柱养老金：理论源流、保障力度和发展路径. 财经问题研究，2019（10）：87.

要回归保基本，第二、三支柱要加快积累，但要权衡资本市场风险。①

除了研究多支柱养老金制度体系之外，国内很多学者还研究公共养老金制度结构调整问题。围绕"统账结合"的城镇职工基本养老保险制度改革的争论由来已久，焦点问题有两个：一是要不要做实个人账户，二是要不要扩大个人账户规模。

关于第一个问题，主流的观点认为：在城镇职工基本养老保险基金收支矛盾日益加剧的情势下，做实个人账户的条件已经不存在。其理由在于：一是代际成本（转轨成本）高，财政难以承受；二是做实之后，基金的市场化运营不仅管理费用非常高，而且有潜在的道德风险，政府必须为可能的投资失败兜底。② 但做实个人账户也并非全无可能，可用国有资本来填补福利基准型（DB）向供款基准型（DC）过渡的空间。③

关于第二个问题，一些部门和学者主张"大账户"，即缩小统筹账户，扩大个人账户。理由是可以减轻"税收楔子"引起的道德风险、逆向选择，激励企业和职工如实缴费。④ 有些学者甚至主张"全账户"，即单位和个人的缴费全部进入个人账户，实行零统筹。这样主张的理由在于他们对私人养老金的投资收益率有乐观的估计。有人做过测算，如果中国个人养老金（第三支柱）能够满足年缴费1万余元、累计缴费38年、60岁退休、平均预期寿命80岁、年化投资回报率

---

① 郑秉文，董克用，等. 养老金改革的前景、挑战与对策. 国际经济评论，2021(4)：14.

② 邱明. "做实"和"记账"：养老改革的待解难题. 光明日报. 中国共产党新闻网，(2014-12-31) [2021-03-08]. http://cpc.people.com.cn/n/2014/1231/c83083-26305932.html.

③ 周小川. 养老保障体制改革考验我们经济学的功底和智慧. (2019-12-22) [2021-03-06]. http://xw.sinoins.com/2019-12/22/content_317063.htm.

④ 郑秉文. 养老保险中的税收楔子与激励相容机制设计. 财政研究，2021(4)：90.

6%、年通胀率2%，由此形成的养老金储备就有可能维持退休后生活。[①] 对此，一些学者强烈反对，认为这违背了社会养老保险强调公平性、共济性的设计初衷，而过于主张商业保险的精算、激励原则。这是原则和方向性错误。这会导致初次分配的差距通过个人账户进一步扩大，削弱基本养老保险的再分配功能。有学者认为养老金制度结构调整应坚持共济性，主张缩小甚至取消个人账户，以为发展补充养老保险（第二、三支柱）留出空间。

三、需要进一步研究的问题

在中国，一些研究主张缩减城镇职工基本养老保险统筹账户、发展补充养老保险。其基本判断依据是人口老龄化趋势下，现收现付制下的城镇职工基本养老保险难以为继，只有基金积累制的补充养老保险制度才能应对人口老龄化。但这些研究未充分关注以下问题。

（一）是否应对世界银行方案进行系统的反思

不少研究将世界银行方案当作方向和准则，而不对方案的假设前提、逻辑、应用环境进行分析。也有一些学者已经开始反思。世界著名养老金经济学家罗伯特·赫兹曼（Robert Holzmann）于2013年在《国际社保评论》（*International Social Security Review*）发文，对这项改革方案的两个核心理论依据公开否定："当时推行系统改革（世界银行方案）是因为认为积累制可以解决人口老龄化问题，但是现在，全球的养老金经济学家都普遍认识到这个主张是错误的，积累制没有这个功能"；"关于基金的高回报率可以独立于人口老龄化、在未来也

[①] 朱云来以《中国个人养老金的模型测算和政策建议》为题在2022年6月26日召开的CF40双周内部研讨会"个人养老金制度建设与市场布局"上发表的观点。转引自"中国金融40人论坛"公众号。作者也承认，测算结果对投资收益率和通胀率非常敏感。如果投资回报率减少10%，则个人工作期间的缴费占收入的比重提高约4%，到16%；若通胀率提高10%，则个人工作期间的缴费占收入的比重也将提高到16%。

能保持下去的假设也是错误的"①。在世界银行方案轰轰烈烈实行期间任职于世界银行的经济学家，竟然从根本上否定养老金私有化改革。这难道不应该引起我们的警惕和反思吗？至少我们应心中存疑，不盲从，多问几个为什么，把事情弄清楚、把问题想明白，然后作出理性的选择。

（二）养老金基金是否有足够强且可持续的获利能力

一些研究没有充分评估养老金基金未来遭遇低收益率的可能性。然而国内外许多研究机构都预测，全球经济很可能会进入一个低增长、低收益的时期。一些研究也没有充分评估在低收益率的经济环境中，在就业分化、收入分化的背景下，扩大个人自我养老责任可能给中低收入者的晚年生活带来的风险。智利和日本的教训应引起足够的重视：智利养老金制度实行基金积累模式，但由于投资收益率低于预期，造成养老金缩水。2016年，智利养老金公司（AFPs）支付的月人均养老金不到182美元，最高养老金仅为449美元。91%的退休者领取的养老金低于236美元，而最低工资为379美元，前者是后者的62%。②日本的公共养老金允许企业选择部分待遇确定型的基金积累制，但也是由于投资收益率不及预期，很多企业不得不动用企业利润来弥补养老金缺口。不堪重负之下，绝大多数企业选择退出待遇确定型的部分积累制，回归现收现付的国民年金制度。

（三）经济环境变化如何对养老金制度结构调整产生影响

科技进步，特别是信息技术革命，正在不断改变生产要素结构和生产组织方式，资本和技术相对于劳动显得越来越强势。在市场机制的作用下，就业分化和收入分化在全球范围内发生。在此趋势下，扩

---

① 王新梅. 公共养老金"系统改革"的国际实践与反思. 社会保障评论, 2018 (4): 119.
② 智利养老金如何从典范落得人人诟病. (2016-09-29) [2022-05-16]. 新浪财经：http://finance.sina.com.cn/roll/2016-09-29/doc-ifxwkvys2337900.shtml.

大私人养老金等于使就业分化和收入分化的影响延伸到养老保险领域。这是否违背了养老金制度调节国民收入、共济互助的设计初衷？国家以税收优惠来发展的私人养老金制度是否能够切实惠及中低收入者，为之"雪中送炭"？又是不是在为中高收入者"锦上添花"？国家和社会又是否有足够的自信和能力承受由此带来的后果？这些问题都需要我们认真地思考。

（四）养老金制度结构性调整与经济运行存在什么样的关系

养老金制度的运行表面上看是一个财务问题，但实质上是一个经济问题。它需要从经济系统中获取资源，因而必须与经济发展相协调。因为无论何种养老金制度，只有经济健康可持续发展，才能为之提供充裕的商品和服务，否则养老金待遇水平再高也只是"纸上富贵"。而经济的健康可持续发展与储蓄和消费的比例结构有密切的关系。发展私人养老金制度适合于储蓄不足、资本短缺的社会，养老金基金能够获得较高的收益率；而公共养老金适合于储蓄过多、资本充裕的社会，其收入再分配功能有助于解决社会需求能力不足而引发的经济循环不畅问题。经过 40 多年的改革开放，中国经济的主要矛盾已经呈现结构性的特点，总的来看是资本充裕、产能过剩、消费不足。在此大背景下，如果扩大私人养老金，等于是在增加社会储蓄、抑制消费，而这会加重中国经济的结构性矛盾。由此，养老金基金能否持续获得较高的投资回报率也是一个需要认真研究的问题。

养老金制度结构性调整研究

第一章 中国养老金制度结构的现状、问题及调整方向选项

中国养老金制度建设的目标是发展由基本养老保险、企业（职业）年金、个人养老金等构成的多层次养老金制度体系，每一层次的养老保险都有明确的功能定位。但目前中国养老金制度的功能呈现结构性失衡，表现为基本养老保险制度内部的城镇职工基本养老保险和城乡居民基本养老保险之间的不平衡，以及多层次养老保险体系结构的不平衡。

第一节 养老金制度结构的现状

一、城乡分立的基本养老保险制度

中国的基本养老保险制度（公共养老金制度）分为城镇职工基本

养老保险和城乡居民基本养老保险。基本养老保险制度是由政府发起的，功能定位于"保基本"，即保障人们老年时的基本生活需求。两项制度都采取"统账结合"模式，即分设统筹账户和个人账户，前者具有收入再分配功能，后者完全体现效率原则，目前无任何再分配因素。"统账结合"的制度设计旨在兼顾效率与公平，以激励人们多缴费、长期缴费。尽管如此，两项制度却在覆盖范围、制度结构上有明显的城乡差别。

（一）覆盖范围差异

城镇职工基本养老保险的参保对象为单位职工（包括企业和机关事业单位）、个体工商户、灵活就业人员，而城乡居民基本养老保险的参保对象为城乡居民，特指"年满16周岁（不含在校学生），非国家机关和事业单位工作人员及不属于职工基本养老保险制度覆盖范围的城乡居民"。

从强制参保与否看，单位职工必须依法强制参加城镇职工基本养老保险，而城乡居民以及"无雇工的个体工商户、未在用人单位参加基本养老保险的非全日制从业人员以及其他灵活就业人员"可以选择参加城镇企业职工基本养老保险或城乡居民基本养老保险。

（二）制度结构差异

两项制度虽然都采用"统账结合"模式，但制度结构差异较大。

两项制度的"个人账户"基金都来自个人缴费，采取完全积累模式，个人缴费本金及收益全部归参保者个人所有，最终以个人养老金的形式向参保人发放。但城镇职工基本养老保险个人账户实行"比例缴费"，按月缴纳，目前按参保人月缴费工资（社会平均工资的60%至300%之间）的8%计征；而城乡居民基本养老保险实行"定额缴费"，按年缴纳，规定最低和最高缴费档次，具体标准各地有所不同。地方政府还视缴费档次给予财政补贴。对于城镇职工基本养老保险而言，个人缴费还是计算基础养老金待遇的依据。

两项制度的"统筹账户"基金的来源有所不同。对于城镇职工基本养老保险而言，单位缴费目前按员工缴费基数之和的16％计入统筹账户，采取现收现付模式，即在职职工的当期缴费用于支付退休人员（包括"老人"、"中人"和"新人"）的养老金待遇。基础养老金待遇水平取决于计发基数、缴费指数、缴费年限及养老金权益再分配力度等因素。目前的基础养老金计发办法赋予公平与效率各50％的权重，基础养老金权益实现了一定程度的再分配，与德国公共养老金权益完全由个人缴费水平决定相比，体现了更高的社会公平性。对于城乡居民基本养老保险而言，统筹账户并不发生缴费行为，其提供的基础养老金待遇完全来源于财政资金，定额发放，完全体现公平。基础养老金待遇水平取决于财政出资意愿及能力。

相较而言，目前城镇职工基本养老保险的总缴费水平高于城乡居民基本养老保险的总缴费水平，决定了前者的基本养老金待遇水平也高于后者。

二、多层次的养老保险制度体系

中国多层次养老保险制度体系经历了一个较长时期的建设过程，依时间次序，从前到后分别是城镇企业职工基本养老保险制度、企业年金制度、城乡居民基本养老保险制度、机关事业单位工作人员基本养老保险制度、职业年金制度、个人养老金制度。至目前，形成一个包括基本养老保险、企业（职业）年金、个人养老金在内的多层次养老保险制度体系。

企业（职业）年金、个人养老金属于私人养老金范畴，是补充性养老保险，功能定位于提高人们老年时的生活水平。两项制度都采用完全积累模式，缴费所形成的资金采取市场化投资运营，最终的年金待遇水平取决于缴费水平及投资回报率。

企业年金和职业年金相同之处在于，都采取的是"比例缴费"，由单位和个人共同出资，有免税上限，如企业年金缴费可税前列支的上限是本企业职工工资总额的 12%（其中企业为 8%，职工个人为 4%）；不同之处在于，企业年金制度采用"自愿"方式，由企业自愿决定是否建立企业年金计划，而职业年金采取"强制"方式，即机关事业单位必须为职工建立职业年金计划。因此，职业年金制度在短时间内能够实现人员全覆盖，而企业年金制度覆盖面却要经历一个从小到大的时间过程。

个人养老金制度也实行的是完全积累制，但缴费方式是"定额缴费"，设定最高缴费额（起初确定的缴费上限是 12 000 元/年），后续将根据"经济社会发展水平、多层次养老保险体系发展情况等因素适时调整"。个人养老金待遇水平也取决于缴费水平和投资回报率。

第二节 养老金制度结构的问题

中国养老金制度目前存在结构性失衡问题，表现为多层次养老保险体系结构失衡和社会养老保险城乡之间发展不平衡。

一、多层次养老保险体系结构失衡

对于城镇企业职工而言，城镇企业职工基本养老保险"一支独大"，企业年金发展滞后。到 2023 年年末，企业职工基本养老保险参保人数已经达到 4.60 亿人，基本养老金是大多数退休人员的最主要的收入来源。相比之下，作为第二支柱的企业年金发展缓慢，从 2005 年试行企业年金办法到 2023 年，全国仅有 14.17 万家企业建立企业年金计划，覆盖人数只有 3 144 万多人，仅占企业职工基本养老保险参保人数的 6.83%。① 参加企业年金计划的多为国有企业或国有控股企业，私人企业建立企业年金计划的意愿不强，数量不多。

相较于企业职工，机关事业单位工作人员除了参加机关事业单位工作人员基本养老保险外，还被强制参加职业年金计划，职业年金覆盖率远高于企业年金。

对于城乡居民和灵活就业人员而言，他们可以自由选择参加城乡居民基本养老保险或是城镇企业职工基本养老保险。但由于城乡居民和灵活就业人员都没有雇主，目前他们没有机会参加企业（职业）年金计划。

个人养老金制度相较于企业年金、职业年金制度对参保人有订立劳动关系的要求，明显要开放得多。只要是个人参加了基本养老保险，无论是城镇职工基本养老保险还是城乡居民养老保险，都自动获取了准入资格。个人养老金制度的覆盖范围与基本养老保险一样足够广大，故而被社会寄予了很高的期望，认为其发展速度在不久的将来会超过企业年金制度。单就参保登记人数而言确实如此。从 2022 年 10 月至 2023 年 6 月，试点开展仅短短 8 个月，全国 36 个先行城市（地区）开立个人养老金账户人数达到 4 030 万人②，已经超过发展近 20 年的企业年金计划参加人数。尽管如此，对个人养老金制度的发展宜持谨慎乐观态度。从试点情况看，"开户不缴费""缴费不投资"的情况比较多，如完成资金缴存的人数仅占开户人数的 1/3 左右，人均缴存额远低于缴费上限。造成这种结果的因素很多，有些是短期性的，如试点正逢经济面临下行压力，人们对就业和收入的预期不稳，对金融市场的信心不足；有些是长期性的，如受社会初次收入分配结果的影响，中低收入者当期生活开支压力大，其个人养老金计划的参加意愿较弱、缴费能力差，个人养老金的 EET 税收优惠模式也难以对其产生足够的

---

① 人力资源和社会保障部发布的《2023 年度人力资源和社会保障事业发展统计公报》。
② 人力资源和社会保障部 2023 年第二季度新闻发布会提供的数据。

激励。而且从国外的实践看，个人养老金制度的覆盖面也普遍低于企业年金制度。

综上，目前中国多层次养老金制度呈现明显的结构性失衡。基本养老保险已经由制度全覆盖走向人群全覆盖，基本养老金仍是绝大多数退休职工养老金收入的主要来源。企业年金的覆盖率增长缓慢，长期低位徘徊，距离成为人人可及的制度还有较长的路要走，客观上扩大了少数有企业年金群体与多数无企业年金群体之间的养老金收入差距。个人养老金制度刚刚起步，实施效果还有待观察，宜持谨慎乐观态度。

二、城乡之间基本养老保险发展不平衡

城乡之间基本养老保险发展不平衡，不是制度覆盖面的差距，而是养老金待遇的差距。从覆盖面看，2022年，城镇职工基本养老保险参保人数为 50 355 万人，而城乡居民基本养老保险参保人数为 54 952 万人①，后者目前仍高于前者。但从养老金待遇水平看，城乡之间的差距十分明显。

2021年全国城乡居民人均养老金为179元/月，占农村居民人均可支配收入（1 577.58 元/月）的 11.35%。② 养老金水平也直接决定老年人的经济独立性。第七次全国人口普查结果显示，城市70%的老年人主要靠离退休金养老，而农村75%的老年人主要靠家庭其他成员供养和劳动收入养老。③

城乡居民基本养老金待遇水平比较低，与该制度的筹资模式、缴

---

① 数据来源：《2022年度人力资源和社会保障事业发展统计公报》。
② 数据来源：根据国家统计局网站、《2021年民政事业发展统计公报》《2021年度人力资源和社会保障事业发展统计公报》提供的数据计算。
③ 杜鹏. 中国人口老龄化现状与社会保障体系发展. 社会保障评论，2023（2）：43.

费水平、运行方式有密切关系。

一是统筹账户筹资能力不足。前文已述，城乡居民基础养老金的待遇水平完全取决于财政投入水平。目前受财力限制，人均财政补贴水平较低。以 2021 年为例，全国城乡居民基本养老保险人均财政补助 605.58 元（财政补助/参保人数）；基础养老金人均财政补助 1 826.11 元（基础养老金财政补助/领取养老金待遇人数），折合每月 152.18 元，占人均月养老金收入的 85%。[①] 这表明城乡居民基本养老金收入绝大多数来源于财政补贴。在领取养老金人数多、财政补贴有限的情况下，城乡居民基础养老金待遇自然偏低。

二是个人账户缴费水平较低。同样以 2021 年为例，城乡居民基本养老保险个人账户年人均缴费 535.5 元，同期城镇职工基本养老保险个人账户年人均缴费 5 651.75 元，后者是前者的 10.55 倍。[②]

三是个人账户投资回报率比较低。城乡居民基本养老保险个人账户基金的收益完全来自市场化的投资收益，包括银行利息和委托投资收益两部分，投资回报率是二者的加权平均。当前由于银行存款的占比较大，故整体投资回报率较低。

城乡居民人均养老金待遇水平偏低是造成城乡老年居民收入较低的原因之一。这个群体的边际消费倾向普遍较高，但消费能力不足，若能提高其养老金待遇水平，则能够促进社会有效需求。但缩小城乡之间基本养老金差距不能一厢情愿、一蹴而就，而应如习近平总书记所强调的那样，"坚持实事求是，既尽力而为又量力而行，把提高社会保障水平建立在经济和财力可持续增长的基础之上，不脱离实际、超越阶段"[③]。既然城乡之间基本养老金待遇水平存在较大差距是城乡经

---

① 根据《社会保险运行报告（2021）》提供的数据计算。
② 根据《社会保险运行报告（2021）》提供的数据计算。
③ 习近平. 促进我国社会保障事业高质量发展、可持续发展. 中国人力资源社会保障，2022（5）：6.

济社会发展不平衡的产物，具有历史性和客观性，那么就需要在城乡一体化发展战略实施的过程中逐步缩小这种差距。

三、城镇职工基本养老保险制度的可持续性遭遇挑战

城镇职工基本养老保险制度中的"统筹账户"采用的是现收现付的代际供养模式，即用单位和职工的当期缴费来支付退休人员的基本养老金待遇，基金的可持续性与制度抚养比（即在职人数与退休人数之比）紧密关联。理论上，如果不考虑收入结构、就业结构等因素的变化，缴费基数与计发基数保持相同，各期基金收支相抵没有结余，也没有外部资金来源，假设养老金的目标替代率为60%，当制度抚养比为3∶1时，缴费比例为20%即可满足当期支出需要；当制度抚养比降为2∶1时，缴费比例要提高到30%才能满足当期支出需要。而人口老龄化将引起制度抚养比不断下降，"生之者寡，食之者众"的形势日趋严峻，要保证退休人员的养老金替代率不变，单位和职工的缴费比例也需不断增加。但缴费比例不能无限增加，因为单位和职工的经济承受能力是有限的，缴费负担过重会影响企业经营活动和职工可支配收入，对宏观经济稳健运行不利。当缴费比例日益收窄的"弹性"不能满足养老金替代率的"刚性"时，赤字就会出现。这就是为什么世界上采用"现收现付"式公共养老金制度模式的国家或早或晚都会面临财务可持续性问题。

当前中国城镇职工基本养老保险制度整体上运行良好，2022年末基金累计结余达到5.69万亿元，但区域之间的结构性问题已经出现，部分省份的基金收支压力已然很大。为平抑结构性矛盾，国家于2022年开始实施企业职工基本养老保险全国统筹，是年共跨省调剂资金2 440亿元[①]，用来减轻困难省份的基金支出压力。而随着人口老龄化

---

① 数据来源：《2022年度人力资源和社会保障事业发展统计公报》。

加深，需要中央调剂资金支持的困难省份数量会增加，与之相伴的是中央调剂资金余缺的能力会下降，全国层面的基金收支压力也会加大。

第三节 养老金制度结构的调整方向选项

面对基本养老保险日益严重的可持续性问题，社会上许多机构和学者在持续探讨、争论中国养老金制度未来的改革方向。

一、多层次养老保险制度结构调整方向选择

多层次养老保险制度改革方向与人们对基本养老保险制度功能的看法有关，形成两种改革思路。

思路一：稳定公共养老金制度功能，发展私人养老金制度功能。

持这种观点的人们坚持公共养老金的基础性地位和社会互济功能，基金日益严峻的收支压力不应成为政府缩减公共养老金制度功能的理由，政府应始终担负起对于国民基本养老保障的责任。他们不反对用市场的力量来发展企业（职业）年金、个人养老金，但反对将原本由公共养老金提供的待遇交由私人养老金制度来提供，认为那既充满风险，也损害社会公平；应该在稳定公共养老金制度功能的基础上，鼓励发展私人养老金制度功能。

思路二：缩减公共养老金制度功能，大力发展私人养老金制度功能。

持这种观点的人们认为，人口老龄化将导致"现收现付"的公共养老金制度越发不可持续，勉强为之，经济社会将背负沉重的负担以至终将难以为继。如此，政府不如主动缩减公共养老金制度的保障功能，强化个人自我养老保障的责任，大力发展企业（职业）年金、个

人养老金等私人养老金制度的保障功能。企业（职业）年金、个人养老金制度是完全积累模式，符合激励相容原则，天然没有公共养老金制度那样的财务可持续性问题。私人养老金制度发展得越好，提供的待遇越高，就越能为缩减公共养老金制度的保障功能创造空间。他们甚至将私人养老金发展滞后的问题归因于城镇职工基本养老保险的单位缴费比例过高，让单位没有多少余力来发展企业（职业）年金。因此，应该降低城镇职工基本养老保险制度单位缴费比例，将节省的资金注入企业（职业）年金、个人养老金账户，这同时可以提高单位和职工个人的缴费积极性。

二、社会养老保险城乡结构调整方向选择

面对城乡之间基本养老保险制度功能的差异，形成两种改革思路：一种是激进式的，另一种是渐进式的。

思路一：建立公平统一的国民年金制度。

持这种观点的人们认为，社会保障权是国民应享有的基本权利，无论城乡、职业，人人公平享有。国家应建立统一的国民年金制度，待遇水平人人相同，体现公平性。在此基础上发展私人养老金制度，体现效率性。

思路二：通过人口转移来逐步达到平衡。

持这种观点的人们认为，建立公平统一的国民年金制度是激进式的改革，所涉及的对现行城镇职工基本养老保险制度进行调整的成本是很高的，对社会的震动也会很大，可行性较弱。更具现实性、可操作性的策略是，不试图强行拉平城乡之间的基本养老金待遇差，而是引导更多的城乡居民加入城镇职工基本养老保险制度，以此来逐渐改善城乡之间基本养老保险制度的功能结构。

对于基本养老保险在城乡之间的结构调整的方向，激进式改革的

结果很理想，但需要对整个养老金制度体系进行重构，改革的成本很高，对社会的冲击也很大。而渐进式改革所需的时间虽然更长，但只是对现行基本养老保险制度进行调整，改革的成本较低，对社会的冲击也小，也更容易为社会各方所接受。本书对此部分内容只做简要的论述，而将更多的笔墨用于多层次养老保险制度结构调整方面，因为这方面的分歧较大，背后涉及人们对政府与市场、公平与效率的权衡，对养老金制度与经济、金融之间关系的判断，以及对未来经济社会发展的预期，诸多因素交织，过程和结果都有不确定性，从而让问题变得复杂，需要深入研究。

第二章　养老金制度结构调整的理论分析

在讨论养老金制度模式时，总绕不开"艾伦条件"与世代交叠模型。世代交叠模型讨论的是老年人整体而非个体的经济福利问题，不计收入结构、年龄结构的影响。通常人们在使用世代交叠模型时并不考虑人口老龄化因素，将它视为一个静态模型。为了使它能够更好地模拟现实，可以在模型中引入人口老龄化因素，将之变成一个动态模型。理论推演的结果表明，人口老龄化条件下，现收现付制与基金积累制的养老金替代率都会下降，在应对人口老龄化方面基金积累制并无天然的优势。的确，在人口老龄化趋势下，现收现付的公共养老金制度确实面临日益严峻的财务危机，但缩小甚至取消公共养老金制度，扩大甚至完全仰赖私人养老金制度的做法，实质是将可预计的财务危机以风险的形式将向个人转移。

第一节 世代交叠模型与"艾伦条件"

"艾伦条件"是关于现收现付制与基金积累制这两种养老金制度模式何者能提供更高养老金待遇的判断标准。它是在萨缪尔森世代交叠模型的基础上发展而来的。萨缪尔森提出了现收现付制内含的"生物收益率"概念。

世代交叠模型将人生分为两个时期，$t-1$ 期和 t 期，$t-1$ 期的在职者，在 t 期成为退休者。N 为在职者人数，W 为工资水平。N_{t-1} 为 $t-1$ 期的在职者人数，N_t 也是 t 期的在职者人数。n、g 分别为人口增长率和工资增长率。c 为缴费率。

在现收现付制下，$t-1$ 期退休人员养老金待遇总量为：

$$P_{t-1,\text{现收现付制}} = W_{t-1} \times N_{t-1} \times c \quad （公式2-1）$$

t 期退休人员养老金待遇总量为：

$$\begin{aligned} P_{t,\text{现收现付制}} &= W_t \times N_t \times c = W_{t-1} \times (1+g) \times N_{t-1} \times (1+n) \times c \\ &= W_{t-1} \times N_{t-1} \times c \times (1+g) \times (1+n) \\ &\approx P_{t-1,\text{现收现付制}} \times (1+g+n) \quad （公式2-2） \end{aligned}$$

在基金积累制下，假设基金的市场投资回报率为 r，$t-1$ 期的在职者通过缴费及投资在 t 期积累的养老金总数额为：

$$\begin{aligned} P_{t,\text{基金积累制}} &= W_{t-1} \times N_{t-1} \times c \times (1+r) \\ &= P_{t-1,\text{现收现付制}} \times (1+r) \quad （公式2-3） \end{aligned}$$

比较公式 2-2 和公式 2-3，现收现付制与基金积累制何者能够提供更高养老金待遇的关键是比较 $n+g$ 与 r 的大小。$n+g$ 即是萨缪尔森所称的"生物收益率"（也称作现收现付制的"内部回报率")。

"艾伦条件"可表述为：在缴费率保持不变的情况下，如果人口增长率与工资增长率之和（$n+g$）大于市场投资回报率（r），那么实行现收现付制比基金积累制符合养老金帕累托改进原则。

现在来比较两种制度模式能够提供的养老金替代率情况。

在现收现付制下，t期退休人数即为$t-1$期在职人数N_{t-1}。t期退休人员的养老金替代率为：

$$\begin{aligned} R_{t,\text{现收现付制}} &= P_{t,\text{现收现付制}}/(W_t \times N_{t-1}) \\ &= \frac{W_{t-1} \times N_{t-1} \times c \times (1+g) \times (1+n)}{W_{t-1} \times (1+g) \times N_{t-1}} \\ &= c \times (1+n) \end{aligned} \qquad (\text{公式} 2-4)$$

可见，现收现付制下，养老金替代率仅与缴费率（c）及人口增长率（n）有关。在缴费率不变的情况下，随着人口增长率的上升，养老金替代率也上升。

在基金积累制下，t期退休人数也为N_{t-1}，退休人员养老金替代率为：

$$\begin{aligned} R_{t,\text{基金积累制}} &= P_{t,\text{基金积累制}}/(W_t \times N_{t-1}) \\ &= \frac{W_{t-1} \times N_{t-1} \times c \times (1+r)}{W_{t-1} \times (1+g) \times N_{t-1}} \\ &= c \times (1+r)/(1+g) \end{aligned} \qquad (\text{公式} 2-5)$$

可见，基金积累制下，养老金替代率与缴费率（c）、投资回报率（r）和工资增长率（g）有关。（$1+g$）相当于贴现率，是基金投资运营的机会成本。在缴费率不变的情况下，养老金替代率与投资收益率成正比，与工资增长率成反比。

当$(1+n) > (1+r)/(1+g)$，即$n > \frac{r-g}{1+g}$时，现收现付制能提供更高的养老金替代率；反之则反是。

第二节 对养老金替代率下降现象的解释

主张发展私人养老金的国家或个人，普遍担心现收现付制公共养老金替代率不断下降，以及政府为了维持所承诺的替代率而持续加大财政补贴的压力，使得公共养老金制度不可持续。于是寄希望于通过发展私人养老金制度来改善局面：一方面可以提高总的养老金待遇水平，另一方面也可以为改革公共养老金制度、减轻财政补贴压力创造空间。但不得不指出的是，替代率下降并不是现收现付制下公共养老金独有的现象，基金积累制私人养老金替代率也会下降，背后的主要原因是人口老龄化，基金积累制私人养老金替代率并不能逃离人口老龄化的影响。

一、现收现付制下替代率下降的原因

根据前述公式 2-4，只要人口增长率不降低，现收现付制提供的养老金替代率就不会下降。但这里忽略了人口结构的变化。人口老龄化是世界人口发展的必然趋势，中国也正在经历快速的人口老龄化过程。人口老龄化形成的原因主要有两个方面：一是人均预期寿命的增长。科学技术（尤其是医学技术）的进步、生活条件的改善提升了人们的健康水平，平均预期寿命不断提高。中国的人均预期寿命已经由新中国成立初期的 35 岁提高到目前的 77 岁。人均预期寿命的增长带来了老年人口的增长。二是生育率的下降。无论是由于国家有计划的人口控制，还是由于人们生育意愿的下降，生育率在很多国家呈下降趋势。两方面因素的共同作用，导致老龄人口占总人口的比重不断上升。中国 2019 年 65 岁及以上人口数量占总人口数量的 12.5%，远高

于7%的老龄化社会门槛，即将进入深度老龄化社会（参见图2-1）。

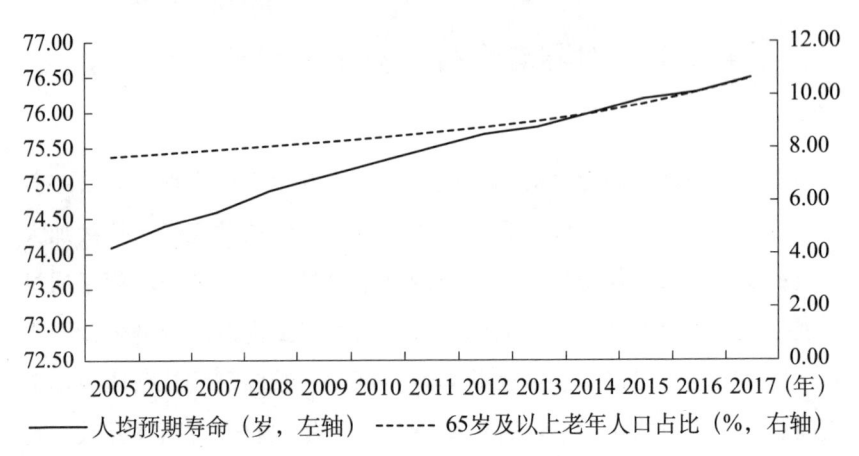

图 2-1　中国人均预期寿命及人口老龄化情况（2015—2017年）

数据来源：OECD统计网站。

从图2-2可以看出，人均预期寿命与人口老龄化水平具有明显的相关性（相关系数为0.95）。

图 2-2　人均预期寿命与人口老龄化水平散点图

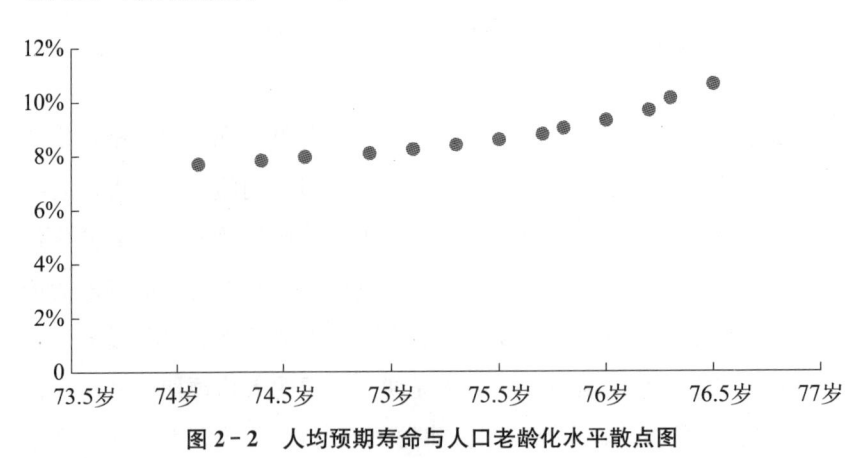

图2-2显示，二者具有线性相关特征，线性回归方程为：

$$y = -77.19 + 1.14x R^2$$

$$R^2 = 0.89 \quad t = 9.64 \quad p = 1.06E - 06 \quad F = 92.97$$

回归结果显示，人均预期寿命增长1.14岁，人口老龄化水平增加

1个百分点，人均预期寿命对人口老龄化具有重要影响。

因此，在考虑了人口老龄化的因素之后，t 期的退休人数要在 N_{t-1} 的基础上乘以老龄人口增长率（γ）。因此需要对公式 2-4 进行修正。

$$\begin{aligned} R_{t,\text{修正,现收现付制}} &= P_{t,\text{现收现付制}}/[W_t \times N_{t-1} \times (1+\gamma)] \\ &= \frac{W_{t-1} \times N_{t-1} \times c \times (1+g) \times (1+n)}{W_{t-1} \times (1+g) \times N_{t-1} \times (1+\gamma)} \\ &= c \times \frac{(1+n)}{(1+\gamma)} \end{aligned}$$ （公式 2-6）

从公式 2-6 可知，现收现付制下，养老金替代率与缴费率（c）、在职人口增长率（n）和老龄人口增长率（γ）有关。当老龄人口增长速度高于在职人口增长速度时，养老金替代率下降。

因此，在生育率下降、人均预期寿命增长的情况下，现收现付制能够提供的替代率必然是下降的。

二、基金积累制下替代率下降的原因

基金积累制下也要考虑人均预期寿命增长对养老金替代率的影响。由于人均预期寿命增长，N_{t-1} 退休人口活得更长，与原来相比，可视为有更多的人领取养老金，在养老金总量不变的情况下，每一个人能够领取的养老金待遇下降，从而替代率下降。由于基金积累制下老龄人口增长也是由人均预期寿命增长引起的，增长率也为 γ，故对公式 2-5 进行修正之后，得到基金积累制下的养老金替代率为：

$$\begin{aligned} R_{t,\text{修正,基金积累制}} &= P_{t,\text{基金积累制}}/[W_t \times N_{t-1} \times (1+\gamma)] \\ &= \frac{W_{t-1} \times N_{t-1} \times c \times (1+r)}{W_{t-1} \times (1+g) \times N_{t-1} \times (1+\gamma)} \\ &= \frac{c \times (1+r)}{(1+g) \times (1+\gamma)} \end{aligned}$$ （公式 2-7）

从公式 2-7 可知，随着人口老龄化发展，γ 增长，导致基金积累制能够提供的养老金替代率也下降。

综上所述，人口老龄化条件下，现收现付制和基金积累制能够提供的养老金替代率都会下降，但只要 $(1+n)>(1+r)/(1+g)$，现收现付制能够提供的养老金替代率仍会高于基金积累制。

这里需要明确的是，"艾伦条件"下现收现付制与基金积累制孰优孰劣只是相对而言的。即使现收现付制能够提供更高的养老金待遇，整体上对老年人群体有利，但在人口结构老龄化、人口增长率下降的情况下，其所能提供的养老金替代率也是下降的，若其低于政府承诺的替代率，且无累计结余，则意味着基金会出现赤字。反观基金积累制，尽管提供的养老金待遇较低，整体上对老年群体不利，但由于个人承担风险，在财务上天然是平衡的，故不会引发社会矛盾。比较而言，即使"艾伦条件"下现收现付制优于基金积累制，对老年群体整体有利，但由于其能够提供的养老金替代率也有下降压力，政府为履行替代率承诺而不得不持续加大补贴力度，这使得尽管理论上政府应该选择现收现付制，但政府在心理上更亲近基金积累制。因此，即使现收现付制更具优势，要使之得到政府的认同，它的养老金待遇设计也应更具弹性，能够随人口结构变化适度动态地调整，以避免让政府承担过重的补贴压力。如此尽管替代率可能会下降，但仍然会高于基金积累制下的替代率水平。而且在基金积累制下，还必须考虑市场利率的影响。当市场利率下行，人们将积累的资金用于购买生存年金等商业养老保险产品时，所能够获得的实际待遇也会下降，基金积累制将变得更加没有优势。

当然替代率也不能无底限地下降。目前的公共养老金制度设计是通过劳动者缴费来筹资，在生产要素结构和生产组织方式发生变化，资本、技术、管理等要素获得的国民收入份额上升而劳动者收入份额下降的趋势下，以劳动者收入来确定企业和个人筹资责任的局限性愈加明显，这就需要政府调整筹资模式，以调动更多的经济资源来为养老金制度筹资，而政府对此是有能力和优势的。

第三节　现收现付制与基金积累制的实现形式

现收现付制与基金积累制都是通过当期缴费来筹资，二者的主要区别是养老金计发办法，体现不同的养老保障理念。在设计现收现付制养老金制度时，虽然都是用当期在职人员缴费来发放退休人员养老金，但在"社会收入再分配功能"的体现上存在差异，分为无收入再分配功能的现收现付制和有收入再分配功能的现收现付制。

一、无代际内部收入再分配功能的现收现付制

这种制度以德国为典型。

德国是社会保险制度的发源地。不少人在提及或谈论社会养老保险制度时，会自动将其与社会收入再分配功能联系起来，仿佛二者是相伴相生、密不可分的。但这种认识是不全面的。例如，虽然德国实行社会市场经济模式，强调国家对经济生活的干预，但德国的公共养老金计发办法没有体现代际内部的社会收入再分配效应。

德国公共养老金计发实行积分制，计发基数为参保者的终生收入。其计算公式为：

$$P = EP \times SY \times AF \times PV \qquad \text{(公式 2-8)}$$

其中，EP（Earning Points，收入积分），是单个参保人年收入与当年所有参保人平均收入之比，衡量单个参保人在社会当中的相对收入水平。

SY（Service Life，服务年限），不仅包括缴费年限，还包括可被

认定为视同缴费的年限，如军队服役期间、接受高等教育期间等。

AF（Adjustment Factors，调整因子），主要针对弹性退休政策来设计，以体现参保者个人缴费与待遇精算平衡的思想。选择在法定退休年龄退休的，AF＝1；选择提前退休的，每提前一个月，AF将减少固定的百分比；选择延迟退休的，每延迟一个月，AF将增加固定的百分比。

PV（Pension Value，养老金积分值），即每一个积分对应的月养老金额度，该值每年随工资水平变化而相应调整，以使退休人员能够分享在职人员创造的经济发展成果。

从计算公式可以看出，在德国，收入水平相对较高、缴费年限相对较长的参保人能够获得的养老金待遇水平也越高，完全体现"多缴多得，长缴多得"的激励机制，养老金权益没有在代际内部实现分配。如果说德国公共养老金计发办法有再分配效应的话，那就是退休人员与在职人员之间的"代际再分配"，通过两种方式来体现：第一，在职人员奉养退休人员；第二，德国政府每年根据工资变化情况来调整PV，以使退休人员分享经济发展成果。

二、有收入再分配功能的现收现付制

这以美国为代表。美国是自由主义最忠实的信徒，是自由竞争市场经济的典型，但其公共养老金计发办法却具有明显的代际内部再分配特征。

美国2024年公共养老金计算公式为：

$$p=\begin{cases} 90\% \times E, & E \leqslant W_1 \\ 90\% \times 1\,174 + 32\% \times (E-1\,174), & W_1 < E \leqslant W_2 \\ 90\% \times 1\,174 + 32\% (7\,078-1\,174) \\ \quad +15\% \times (E-7\,078), & W_2 < E \end{cases} \quad （公式2-9）$$

注：1 174和7 078分别为美国2024年养老金待遇分段计发所使用的两个拐点值。数据来源于美国社会保障署（SSA）网站。

其中，E 为参保者的平均指数化月收入（AIME），是将参保人历年的实际月均收入根据国家工资指数统一调整为退休时的指数化月收入，以覆盖历年工资增长的影响。

W_1 和 W_2 是两个节点，将平均指数化月收入分为三段，每段采取不同的计发比例，从低段到高段计发比例依次为 90%、32%、15%，具有明显的超额累退特点，这意味着收入越高，相对于本人退休前收入的养老金替代率越低，从而在代际内部实现养老金权益对低收入者的再分配。

三、基金积累制

基金积累制养老金制度（也称私人养老金计划）被很多国家采用，主要包括职业年金和个人养老金两类。

基金积累制养老金制度按待遇计发方式可分为待遇确定型和缴费确定型两种。前者的缴费积累的是养老金权益，由雇主按承诺来兑现，基金投资失败的风险由雇主承担。后者的缴费积累的是资金，通过市场化投资运营来保值增值，最终的养老金待遇取决于整体的投资回报率以及商业养老保险公司预期的贴现率，投资风险由参保人承担。

实行待遇确定型职业年金的主要是荷兰、挪威等北欧福利国家、实行社会市场经济体制的德国、奉行自由主义的美国联邦及州公务员的职业年金。实行缴费确定型职业年金的主要是英国、美国等企业雇员，虽然职业年金正在经历由待遇确定型向缴费确定型转变的过程，但待遇确定型职业年金规模仍占相当比重。个人养老金制度都是缴费确定型的。

第三章　养老金制度结构改革的国际实践：起源、趋势与动机

国际上，养老金制度最初是救济制度、福利制度的组成部分。自德国发明社会保险制度之后，由国家举办的、现收现付制公共养老金制度被越来越多的国家引入。在世界银行提出多支柱养老金制度体系之后，中东欧、南美洲的一些国家开始对公共养老金进行部分积累式或完全积累式的私有化改造，但改革并不成功，不少国家不同程度地走了"回头路"。企业年金源于雇主自主发起的用于引才、留才的"金手铐"计划，后来政府以提供税收优惠为由对它进行约束和规范，将它改造成体现政府意志的社会政策。从国外实践来看，企业年金制度模式也正从待遇确定型向缴费确定型转变，但待遇确定型仍占相当比重；除了强制参保或准强制参保（典型如"自动加入机制"）的少数国家外，其他遵循自愿原则国家的企业年金计划的覆盖面都比较有限。与企业年金计划相比，后起的，同样以税收优惠为激励手段的个人养

老金计划的覆盖面更加有限。面对日益严峻的人口老龄化、乏善可陈的经济增长态势，许多国家都试图缩减公共养老金计划，扩张私人养老金计划，但养老金私有化改革也在一些国家遭遇"逆流"，此中的是非曲直、经验教训值得总结。

第一节 改革起源：公共养老金财务危机

现收现付式公共养老金制度的财务可持续性取决于人口年龄结构状况。人口年龄结构越年轻，财务可持续性越好。反之，当人口年龄结构日渐老化时，财务可持续性将逐渐变差。而人口老龄化正在越来越多的国家发生，这些国家的公共养老金制度或早或晚都将遭遇财务危机。

一、人口老龄化趋势

（一）国际现状与趋势

人口老龄化是世界性趋势。2005至2018年，65岁及以上人口占总人口的比重，在世界范围内从7.31%上升到8.92%，在欧盟（28国）从16.68%上升到19.85%，在OECD国家从13.82%上升到17.20%，在中国从7.70%上升到11.19%，年均增幅分别为1.54%、1.35%、1.70%和2.93%（参见图3-1）。可见，世界主要经济体的人口老龄化程度都在加深。中国人口老龄化的增速高于世界、OECD国家、欧盟、G20的平均水平。

受人口老龄化因素影响，老年人口的抚养比（劳动年龄人口与老年人口之比）持续下降。2005年—2018年，在世界范围内，15岁～64岁人口数量与65岁及以上人口数量之比从8.85下降到7.52，在欧

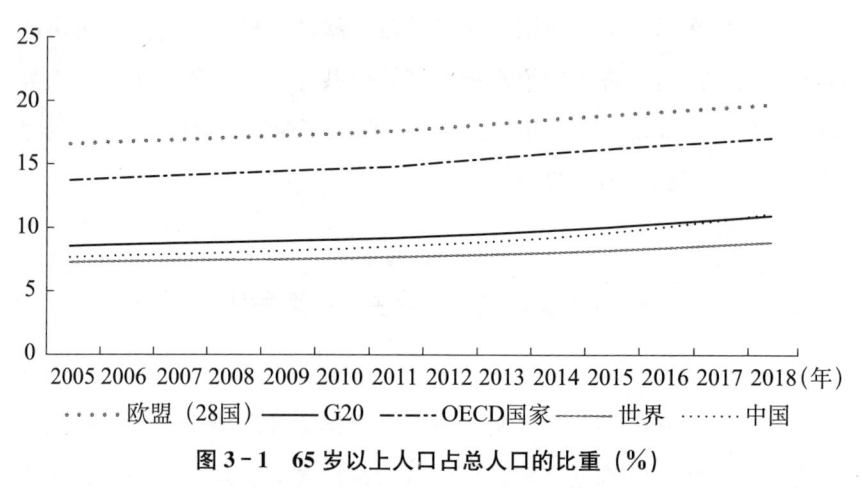

图 3-1 65岁以上人口占总人口的比重（%）

数据来源：OECD统计网站。

盟（28国）从4.03下降到3.31，在OECD国家从4.83下降到3.86，在中国从9.43下降到6.76，年均降幅分别为1.47%、1.63%、1.85%和2.98%。中国老年人口抚养比降幅也高于世界、OECD国家、欧盟、G20国家的平均水平（参见图3-2）。

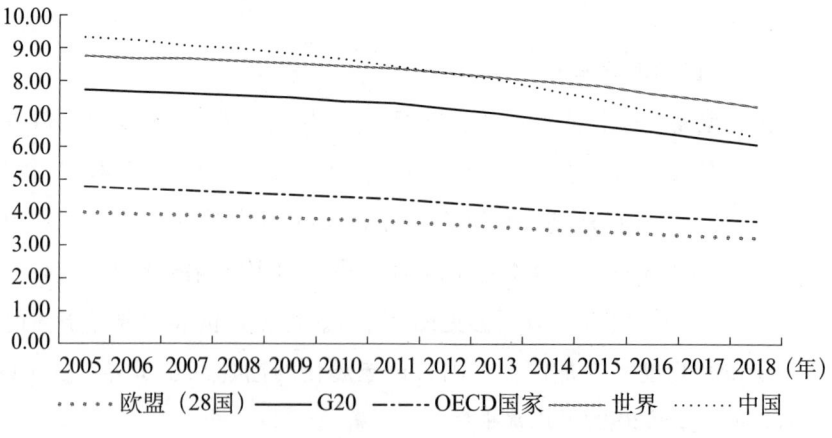

图 3-2 世界和地区老年人口抚养比

数据来源：OECD网站。

注：老年人口抚养比＝15岁～64岁人口数量/65岁及以上人口数量。

从今后的发展趋势看,生育率下降将不再是促进人口老龄化的因素。据预测 OECD 国家的总和生育率水平将逐步停止下降,转而缓慢上升。2020 年—2060 年,OECD 国家总和生育率平均水平将从 1.66 上升到 1.71。但同期 65 岁之后的人均预期寿命仍将继续增长,从 19.84 年提高到 23.48 年,从而成为推动人口老龄化的主要原因(参见图 3-3)。受此影响,65 岁及以上人口抚养比将从 3.2 下降到 1.72(参见图 3-4)。[①]

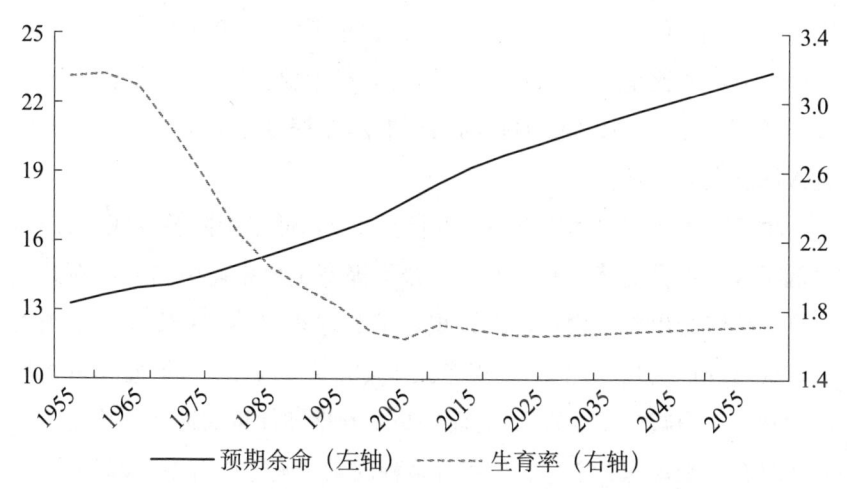

图 3-3 65 岁之后的预期余命和总和生育率(OECD 国家)

资料来源:pension at a glance (2019),OECD 网站。

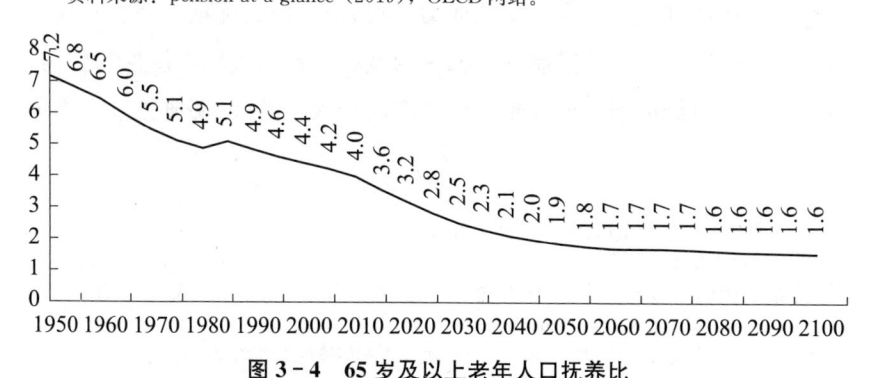

图 3-4 65 岁及以上老年人口抚养比

资料来源:pension at a glance (2019),OECD 网站。

---

① pension at a glance (2019).

（二）国内现状及趋势

从第七次全国人口普查数据看，中国人口老龄化程度不断加深（劳动年龄人口占比下降和老龄人口占比上升）：0—14 岁人口为 2.53 亿，占 17.95%；15—59 岁人口为 8.94 亿，占 63.35%；60 岁及以上人口为 2.64 亿，占 18.70%，其中 65 岁及以上人口为 1.91 亿，占 13.50%。与 2010 年第六次全国人口普查相比，0—14 岁人口的比重上升 1.35 个百分点，15—59 岁人口的比重下降 6.79 个百分点，60 岁及以上人口的比重上升 5.44 个百分点，65 岁及以上人口的比重上升 4.63 个百分点。[1] 按国际通行的人口老龄化程度划分标准，中国即将进入深度老龄化社会。[2]

由于中国人口总和生育率已经低至 1.3，低于国际警戒线（1.5），更低于人口正常更替水平（2.1）。若不提高生育率，中国人口在某个时点之后将会出现负增长，人口规模呈萎缩态势。[3] 2022 年，中国人口首次出现负增长（比 2021 年净减少 85 万人），2023 年继续负增长（比 2022 年净减少 208 万人）。而提高生育率却任重而道远。从发达国家情况看，受观念、心理、经济等多种因素影响，生育率下降是趋势。为鼓励生育，很多国家的政府可谓不遗余力，办法包括生育奖励、家庭补贴、产假（包括母亲、父亲或父母双方）、税收优惠、弹性工作制等。如日本实行儿童津贴制度，韩国为低收入新婚夫妇提供保障住房，俄罗斯为"英雄母亲"放 3 年产假（产假计入工龄），瑞典鼓励夫妻休

---

[1] 数据来源：《第七次全国人口普查公报》。

[2] 国际上按 65 岁以上人口占总人口的比重将人口老龄化划分为三个阶段：超过 7% 的，为老龄化社会（Aging Society）；超过 14% 的，为深度老龄化社会（Aged Society）；超过 20% 的，为超老龄化社会（Hyper-aged society）。

[3] 对于人口规模的萎缩，有些学者从资源、生态环境约束的角度持赞成态度。美国在国土面积、资源环境承载力方面高于中国，但人口只有 3 亿多人，远低于中国 14 亿人口规模，综合国力高于中国，人均 GDP 更高于中国。因此，不考虑科技进步对资源环境承载力的提升，中国人口规模需要下降到一个合适的水平。在此过程中，原来依靠人口规模来维持的经济社会问题会暴露出来，这就需要通过科技进步来代替劳动力。

产假，休产假越多奖金越高，最高可领 13.5 万克朗。① 除俄罗斯等少数国家外，大多数国家鼓励生育的政策收效甚微。

中国虽然仍是发展中国家，但生育率已经下降到比较低的水平，"未富先老"的特征较为明显。虽说中国放开了"三孩"政策，但要审慎看待其对减缓人口老龄化的作用。

首先，"三孩"政策的作用可能有限。放开"二孩"政策的效果低于预期的实践反映了中国社会生育意愿的下降。背后的原因，一方面是日渐深入人心的"优生优育"的婚育观念让人不愿多生，另一方面是社会竞争压力以及养育、教育、医疗、住房、雇工等生活成本上升让人不敢多生。然而改变人的婚育观念和改革影响生活成本背后的经济社会政策又非朝夕之功。即使生育率从现在起开始提高，但其能够对人口年龄结构改变产生实质性影响却需要数十年的时间，其间又会受到各种因素的干扰，实际效果存在不确定性。由此判断，未来较长时期内中国人口老龄化程度还将会不断加深。

其次，"三孩"政策会使孩童与老人竞争有限的经济社会资源。假使人们愿意生育，孩童数量增加，在其进入劳动力市场之前，家庭和社会养育、教育的负担增加，同时人口老龄化导致全社会的养老负担也会加重，社会负担出现"两头沉"的现象，如果家庭和社会为养育和养老投入的规模不变，养育投入的增加会相应减少养老投入，养老问题会更加严峻。

最后，"三孩"政策不能从根本上解决人口老龄化问题，而只是将问题向后推移。人口老龄化问题主要是人均寿命延长造成的。如果总和生育率等于人口自然更替水平，只要人均寿命延长，就会出现人口老龄化问题。如果总和生育率高于人口自然更替水平，其影响超过人均寿命时，虽然会降低人口老龄化，但生育率越高，人口规模越大，总有一天会达到资源环境的承载极限。提高生育率的办法，在缓解一

---

① 看世界各国如何鼓励生育，（2016 - 03 - 02）［2023 - 07 - 18］. 人民网，http：//health.people.com.cn/n1/2016/0302/c398004 - 28164804.html.

个相对较小的养老保障问题的同时,却在制造一个相对较大的人类社会的生存危机问题。如果换一种思路,养老需要的是社会财富,社会财富的创造一靠人力,二靠科技。当科技逐渐占主导地位,其力量足可替代人力的时候,何必非要通过"造人"来解决代际供养问题呢?需要改变的仅仅是筹资方式,而不是花大力气改变人口结构。通过"优生优育"政策,提高个体的创造力,体现在养老保障上,则是提高企业和个体的"供养能力","以一当十"而非"十不当一",养老问题自然可以得到化解。

二、公共养老金的财务压力

（一）一个有助于理解的公式

衡量一个国家或地区公共养老金制度的财务负担通常用公共养老金支出占 GDP 的比重来表示,该比值越高,表明社会新增商品和劳务用于养老的比例越高,社会养老负担越重。

在现收现付式公共养老金制度下,养老金支出占 GDP 的比重可作如下因式分解:

$$\frac{养老金支出}{GDP} = \frac{人均养老金支出 \times 领取养老金人数}{GDP}$$

$$= \frac{法定退休年龄及以上人口(60+)}{劳动年龄人口(16-59)} \times \frac{人均养老金}{平均工资}$$

$$\times \frac{\frac{领取养老金人数}{法定退休年龄及以上人口(60+)}}{\frac{就业人口}{劳动年龄人口(16-59)}} \times \frac{工资收入总额}{GDP}$$

$$= 老年抚养比 \times 平均养老金替代率$$

$$\times \frac{制度老年覆盖率}{劳动力参与率} \times 劳动收入份额$$

(公式 3-1)

从因式分解结果看,公共养老金支出占 GDP 的比重与老年抚养比、平均养老金替代率、制度老年覆盖率、劳动收入份额成正比，与劳动参与率成反比。在老年抚养比上升、制度老年覆盖率提高的背景下，要想降低该比值，理论上可采取的办法包括降低养老金替代率、提高劳动力参与率、降低劳动收入份额。① 其中，降低劳动收入份额显然有违公平正义。在就业分化和收入分化不断加剧的背景下，为保证经济健康运行，政府需要做的工作是提高劳动收入份额。降低养老金替代率要冒较大的风险，容易招致社会批评和反对。而劳动力参与率，很大程度上是由经济社会制度、经济发展阶段、技术进步等因素共同决定的，政府可以施加一些影响，但难以从根本上改变。因此，在各因式都呈现某种"刚性"的前提下，老年抚养比的持续上升将不可避免地增加社会养老负担水平。

（二）国内外公共养老金财务负担状况

随着人口老龄化不断加深，越来越多国家的现收现付制公共养老金计划的财务压力日益增加，特别是完成工业化的部分发达国家，较早地出现基金当期收不抵支的现象，如美国首次出现这一问题是在1957年。在经历了第二次世界大战之后的经济高速增长阶段之后，受人口老龄化、经济增速下降、资本话语权增强等因素影响，不少发达国家公共养老金计划的收支形势越来越紧张。由于数据获取的困难，不能通过长时段的序列数据来观察国外公共养老金年度收支状况，但仍然可以从某个时间节点来观察和推测基金收支的紧张程度。以2011年为例，OECD国家公共养老金当期的赤字规模占GDP的比重已经达到2.55%，美国、加拿大、日本、德国也不同程度出现当期赤字，其占GDP的比重分别为2.51%、1.68%、3.42%和3.37%（参见表3-1）。"冰冻三尺，非一日之寒"。从公共养老金当期收支压力上

---

① 降低劳动收入份额有违直觉。在就业极化和收入极化不断加剧的背景下，为保证经济健康运行，政府需要做的工作是提高劳动收入份额。因此，不应通过降低劳动收入份额来降低公共养老金支出负担。

升,到出现赤字,再到赤字规模不断上升,总要经历一个较长的时期。面对公共养老金计划收支压力,各国政府都会或早或迟地采取应对措施,如增加财政补贴、提高缴费率、延长法定退休年龄、调整公共养老金待遇计发办法和待遇调整办法等。因此,2011年出现的赤字规模应是政府或多或少干预之后的结果,否则赤字规模会更大。

表3-1　2011年OECD部分国家公共养老金收支状况

	收入/GDP（%）	支出/GDP（%）	（收入－支出）/GDP（%）
加拿大	2.6	4.28	－1.68
德国	6.9	10.27	－3.37
日本	6.3	9.72	－3.42
美国	4.2	6.71	－2.51
OECD平均	5.2	7.75	－2.55

资料来源：pension at a glance 2013；OECD统计局网站。

从中国的情况看,城镇企业职工基本养老保险若单纯依靠征缴收入,已经不能满足当期基本养老金支出的要求。2014年—2019年,若扣除财政补贴,当期基金出现赤字的省份在增多。[1]

在公共养老金制度自身难以维持收支平衡时,政府作为它的发起人和实施者不得不出手相助。[2] 如德国财政补贴占社会养老保险筹资的比重已经由1991年的26.5%增加到2017年的33.4%。[3]

---

[1] 《中国社会保障发展年度报告（2019）》。

[2] 公共养老金制度是一份特殊的社会契约。说它是社会契约,指的是代际之间订立的奉养协议；说它特殊,是说它的中间人是政府,政府监督该契约强制执行。若非如此,该契约根本就不会订立。本来当公共养老金制度出现财务危机时,契约的利益相关者应坐下来协商,或者提高缴费水平,或者降低养老金待遇。但由于立约人是全体国民,意见很难统一,人人都想少"缴"而多"拿",缴费应有弹性而待遇要保持刚性。于是压力向政府这个中间人转移,中间人的身份换成了"保人",政府成了缔约的一方。

[3] 2018年笔者赴德国考察时,德国联邦劳动和社会事务部提供的数据。除了增加财政补贴外,德国社会养老保险的替代率也呈下降态势,从1972年的72%、1990年55%,下降到2017年的48.1%。据德国方面介绍,到2030年时,替代率将降到43%。德国政府计划在2030年前将社会养老保险缴费率控制在22%以内,若不下调替代率,德国财政补贴占社会养老保险筹资的比重将很难稳定在30%左右。

从中国的情况看,政府用于公共养老金(包括城镇职工基本养老保险和城乡居民基本养老保险)的财政补贴也呈逐年上升态势。2014—2019年,政府用于公共养老金的支出占财政总支出的比重由2.33%上升到4.36%(参见图3-5)。

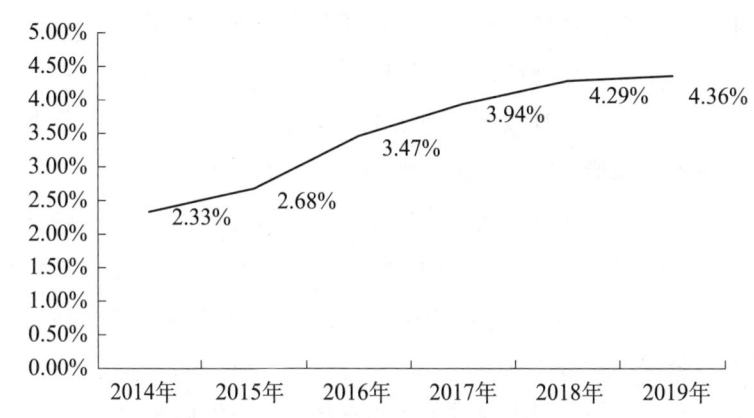

图3-5 中国政府用于公共养老金支出占财政总支出的比重(2014—2019年)

资料来源:国家统计局网站;《中国社会保障发展报告》。

第二节 改革趋势:发展私人养老金计划

世界上很多国家的养老金体系正逐步由以待遇确定型(DB)为主走向以缴费确定型(DC)为主。早期的养老金体系以待遇确定型为主,特别是在20世纪下半叶,OECD国家纷纷建立或扩大现收现付制公共养老金制度。在这一时期,人口和经济快速增长,共同决定了现收现付制养老金制度能够提供较高的内部回报率。中国养老金体系建设也始于20世纪90年代,并将企业养老制度改为现收现付制的城镇企业职工基本养老保险制度。在公共养老金制度之外,一些国家建立了补充性的职业养老金制度(多为DB型),如加拿大、美国、英国、荷兰、瑞士等。

然而，随着人口老龄化程度加深和经济增速下降，现收现付制养老金制度的财务压力逐渐加大，制度可持续性面临日益严峻的挑战。为此，很多国家开始引入缴费确定型养老金制度的元素。[①]

第一种方式是在现收现付制公共养老金制度中强化养老金待遇与工作收入的关系，如奥地利、法国、斯洛文尼亚、西班牙、美国、葡萄牙、爱沙尼亚、立陶宛、斯洛伐克等。

第二种方式是将现收现付制公共养老金完全转变为私人养老金，拉美国家这方面最为突出，如智利、阿根廷等国。

第三种方式是在现收现付制公共养老金制度之中引入强制性的基金积累制DC型养老金制度，分成两个层次：第一层次是现收现付制，第二层次是基金积累制，东欧国家采用这种方式比较多，如爱沙尼亚、匈牙利、波兰、斯洛伐克等。

第四种方式是在现收现付制公共养老金之外发展职业年金、个人养老金等私人养老金计划，发达国家多取此法，以美国为典型。在美国，职业年金的类型结构也在发生改变，待遇确定型职业年金计划的比重逐步下降，而缴费确定型职业年金计划的比重逐步上升。[②]

还有一种方式是取消或缩减收入关联型的现收现付制公共养老金制度。这方面英国做得比较彻底，其完全取消了基于缴费的第二层次（second tier）养老金制度，无论是公共养老金制度还是私人养老金制度。在澳大利亚、智利、冰岛、爱尔兰、以色列、墨西哥、荷兰、新西兰等国家，对于2018年进入劳动力市场、年满22岁的劳动者而言，基于缴费的强制性的第二层次养老金制度中仅有私人养老金制度。除了强制性的私人养老金，这些国家还提供强制性的第一层次养老金

[①] OECD. Pensions at a Glance 2019：OECD and G20 Indicators，OECD Publishing，Paris，2019：37、38、133，https：//doi.org/10.1787/b6d3dcfc-en.

[②] DB型职业年金计划比重下降的主要原因是此类计划的负债水平（所承诺的养老金待遇的现值）不断增加，长期利率呈下降趋势。以长期利率为折现率所计算的养老金待遇现值呈上升趋势。

(first tier)，类型包括基于居住年限或缴费的基本养老金（basic pension），基于缴费的最低养老金（minimun）和基于收入和资产的特定养老金（targeted）。在有基于缴费的公共养老金制度的17个国家当中，一些国家也通过改革制度模式来减轻财务压力，如瑞典、拉脱维亚取消DB模式，采用名义账户型（NDC）+基金积累的缴费确定型（FDC）模式；波兰、意大利取消DB模式，仅保留NDC模式；挪威由DB模式改为NDC模式；立陶宛、爱沙尼亚取消DB模式，仅保留点数确定型（points）模式（参见表3-2）。

但养老金私有化改革也遭遇了"逆流"，如保加利亚、克罗地亚、爱沙尼亚、拉脱维亚、马其顿、罗马尼亚和斯洛伐克等国缩减了强制性的私人养老金计划规模[1]，波兰和匈牙利更是废除了此类计划。[2] 其原因在于：其一，养老金制度体系由现收现付制向基金积累制转轨的成本很高，在职人群的缴费要向现收现付账户和私人养老金账户分流，前者用于支付退休人群的养老金待遇，后者用于积累个人养老金权益，这样现收现付制养老金制度就出现了资金缺口，若非有强大的公共财政支持，转轨很难顺利实施。波兰、匈牙利、斯洛伐克等国家分别通过公共债务来支付转轨成本，这给财政带来了巨大的压力。[3] 其二，发展多支柱养老金制度体系所寄予的理想目标没有实现，如减轻政府责任、增加储蓄、促进金融市场发展和经济增长等，因为手段和目标之间并不是直接的因果关系，中间受很多不确定性因素影响。其三，

---

[1] Isabel Ortiz, Fabio Durán-Valverde, Stefan Urban and Veronika Wodsak. Reversing Pension Privatizations：Rebuilding public pension systems in Eastern Europe and Latin AmericaEdited. ILO, 2018：39.

[2] 匈牙利、波兰的公共养老金私有化改革之后，雇员缴费进入私人养老金账户，雇主缴费进入现收现付账户，这与中国的"统账结合"制度相似。

[3] 一些国家缓解压力的办法是发行政府债券，并安排私人养老金基金来购买，运作方式与改革之前都是"现收现付"式的，不同之处在于，改革之前不产生任何管理费用，而改革之后是由市场金融机构来管理私人养老金基金，金融机构在购买政府债券的过程中要收取佣金。

金融危机的影响。2008年美国次贷危机使私人养老金损失惨重。波兰、匈牙利养老基金名义损失分别为20%和14.3%。① 尽管投资回报率之后有所回升，但它动摇了人们对自由市场的信念，让人们反思养老金私有化改革方向的合宜性。

另外，虽然理论上可以通过发展多支柱养老金体系来提供多渠道的养老金来源，但面对市场利率长期较低的风险，各国政府也需要认真权衡现收现付制与基金积累制二者的比重关系。因为私人养老金待遇与投资回报率、商业年金的价格相关，本质上与市场利率相关，长期利率走低明显对私人养老金制度待遇不利。

表3-2 部分国家养老金制度体系

	第一层次（First tier，强制）				第二层次（Second tier，强制）	
	基于居住地（Residence-based）		基于缴费（Contribution-based）			
	基本（Basic）	特定（Targeted）	基本（Basic）	最低（Minimum）	公共养老金（Public）	私人养老金（Private）
表A. 最新法律适用于在2018年年满22岁、进入劳动力市场的未来退休人员						
澳大利亚		√				FDC
奥地利				√	DB	
比利时				√	DB	
加拿大	√	√			DB	
智利		√				FDC
捷克			√	√	DB	
丹麦	√	√			FDC	FDC [q]
爱沙尼亚				√	Points	FDC
芬兰		√			DB	

---

① 陈敬. 背离世界银行型多支柱养老金模式——后金融危机时期中东欧国家养老金改革评析. 现代经济探讨, 2017 (4): 61.

续表

	第一层次 (First tier，强制)				第二层次 (Second tier，强制)	
	基于居住地 (Residence-based)		基于缴费 (Contribution-based)			
	基本 (Basic)	特定 (Targeted)	基本 (Basic)	最低 (Minimum)	公共养老金 (Public)	私人养老金 (Private)
表 A. 最新法律适用于在 2018 年年满 22 岁、进入劳动力市场的未来退休人员						
法国				√	DB+Points	
德国		√			Points	
希腊	√				DB	
匈牙利				√	DB	
冰岛	√	√				DB [q]
爱尔兰			√			
以色列	√		√			FDC
意大利					NDC	
日本			√		DB	
韩国			√		DB	
拉脱维亚				√	NDC+FDC	
立陶宛			√		Points	
卢森堡			√	√	DB	
墨西哥				√		FDC
荷兰	√					DB
新西兰	√					
挪威		√			NDC	FDC
波兰				√	NDC	
葡萄牙				√	DB	
斯洛伐克				√	Points	
斯洛文尼亚				√	DB	
西班牙				√	DB	

续表

	第一层次（First tier，强制）				第二层次（Second tier，强制）	
	基于居住地（Residence-based）		基于缴费（Contribution-based）			
	基本（Basic）	特定（Targeted）	基本（Basic）	最低（Minimum）	公共养老金（Public）	私人养老金（Private）
表 A. 最新法律适用于在 2018 年年满 22 岁、进入劳动力市场的未来退休人员						
瑞典		√			NDC+FDC	FDC
瑞士				√	DB	DB
土耳其				√	DB	
英国			√			
美国					DB	
阿根廷			√	√	DB	
巴西				√	DB	
中国				√	NDC+FDC	
印度				√	DB+FDC	
印度尼西亚				√	DB+FDC	
俄罗斯			√		Points	FDC
沙特阿拉伯				√	DB	
南非		√				
表 B 现行法律适用于在 2018 年的新退休者（与表 A 不同的地方）						
智利		√		√	DB	FDC
爱沙尼亚			√		DB/Points	FDC
意大利				√	DB+NDC	
拉脱维亚				√	DB/NDC+FDC	
立陶宛			√		DB/Points	
墨西哥				√	DB	
挪威	√	√			DB	FDC
波兰				√	DB/NDC	

续表

	第一层次 (First tier，强制)				第二层次 (Second tier，强制)	
	基于居住地 (Residence-based)		基于缴费 (Contribution-based)			
	基本 (Basic)	特定 (Targeted)	基本 (Basic)	最低 (Minimum)	公共养老金 (Public)	私人养老金 (Private)
表 B　现行法律适用于在 2018 年的新退休者（与表 A 不同的地方）						
瑞典	√	√			DB/NDC +FDC	FDC [q]
英国			√		DB	

DB：待遇确定型　　FDC：基金积累的缴费确定型

NDC：名义账户型　　points：点数确定型

资料来源：Pension at a glance (2019)。

第三节　改革的动机：动力源和约束力

一、动力源：相关利益主体有需求

国际上养老金制度改革的趋势是积极发展多层次或多支柱养老金制度体系，改革的方向是养老金私有化，即由现收现付制公共养老金为主导走向由基金积累制私人养老金为主导，由待遇确定型为主导走向以缴费确定型为主导。

世界银行在 1994 年出版的《防止老龄危机：保护老年人及促进增长的政策》一书提出"三支柱"养老金制度架构（第一支柱，公共养老金计划；第二支柱，职业养老金计划；第三支柱，个人储蓄养老计划），很多国家接受了世界银行推介的方案，因为政府、金融机构、中高收入者都能从多支柱的养老金制度体系中受益。

（一）政府的考虑

政府之所赞成世界银行方案，主要有以下两方面考虑。

1. 可减轻财政压力

人口老龄化导致现收现付式公共养老金制度的收支压力越来越大，政府被迫投入越来越多的财政资源。然而，政府为了应对经济下行风险、释放企业活力，有时还要减轻企业的社会保险缴费负担。除此之外，当国家遭遇经济危机、金融危机或重大灾难时，很多企业的脆弱性就会暴露出来，此时国家还要通过阶段性的减免社会保险费的方式来帮助企业渡过难关。从经济社会发展的大局看，减免社会保险费政策是必需的，因为保企业、保就业才能保住社会保险缴费的源头活水；但从社会保险自身的财务可持续性看，减免社会保险费政策会加大基金收支压力，特别是对于社会养老保险而言，基金的短期和长期的收支压力都在上升，意味着政府的"兜底"保障责任在增加。

因此，从理性经济人的角度，政府愿意缩减公共养老金计划，发展私人养老金计划，以减轻其"兜底"保障责任。如英国取消了收入关联型的公共养老金计划；有的国家甚至曾经用私人养老金计划来取代公共养老金计划，如智利。缩减公共养老金计划，直接的方式是降低公共养老金的筹资水平及与之相对的待遇水平，间接的方式是改变养老金待遇的计发规则①，这也会降低养老金待遇。正如法国退休指导委员会指出，伴随着公共养老金制度的不断改革，从2015年起法国平均退休金水平将首次低于全国就业收入的平均水平，而这种情况可能会持续到2060年。② 因此在大多数法国人看来，具有收入再分配功

---

① 调整养老金计发办法的目的是更好地实现精算平衡。养老金计发包括初始养老金计发和之后的养老金待遇调整两个部分。调整初始养老金计发办法：一种方式是调整计发基数，通常是扩大计发基数的统计年限，如法国将工作期间最高的10年收入改为最高25年收入，奥地利将最高15年扩展为最高40年；也可以调整养老金计发基数的口径，如德国将其从工资总额调整为净工资总额。这些实际上都是在降低计发基数。另一种方式是引入生命因子，即引入人口老龄化因素，随着人口老龄化程度的加深，养老金替代率自动向下调整。调整养老金待遇增长所依据的指标，如将钉住工资增长率（经济增长率）改为钉住物价指数（如意大利、日本、英国等），或者是二者的加权平均值（如匈牙利、波兰、斯洛伐克）。

② 彭姝祎. 法国养老金改革：走向三支柱？. 社会保障评论, 2017 (3): 145。

能的现收现付制是巨大的"社会进步",而强调个人自我养老责任的基金积累制是令人难以接受的社会退步。

因此,若国民没有其他制度性的养老金来源,政府的公共养老金制度改革将会面临很大阻力。因此,政府希望通过发展私人养老金制度不仅可以弥补公共养老金待遇下降的部分,而且能够提升总的养老金待遇。只有切实增强个人自我养老保障的责任和能力,政府对公共养老金的"兜底保障"责任才有可能真正减轻。之所以是"有可能"而不是"必然",是因为民众对养老金待遇的态度通常是"多多益善",追求的是帕累托改进,即在保持公共养老金待遇的基础上,增加补充养老保险待遇,并不一定愿意缩减公共养老金待遇。可想而知,若是补充养老保险没有发展起来,或者虽然发展起来了但收益率达不到预期,公共养老金仍是多数人最信赖的、最主要的退休收入来源。如果政府执意削减公共养老金待遇,势必会引发"人多势众"的退休人员的反对,任何政府都不愿轻易冒险。

那么,私人养老金制度发展壮大之后,政府的压力就会减轻吗?答案是不确定的。随着拥有私人养老金人数占比的提高,以及私人养老金待遇占总养老金待遇比例的提高,政府在面对类似2008年美国次贷危机的灾难时所感受到政治压力就越大。正如政府对公共养老金有"兜底保障"之责,政府对私人养老金也有隐形担保之忧。[①]

2. 可减轻管理压力

现收现付制养老金是具有收入再分配功能的养老金权益管理制度,个人缴费进入公共资金池,同时生成养老金权益。这个公共资金池对于企业和个人就像一块"公地",都想少"予"多"取"。这就是为什么现收现付制养老金制度都采取强制参保缴费方式的主要原因,政府也不得不对基金的收支加强监管,而监管对象的广泛性决定了政府会

---

① Nicholas Barr, Labor Markets and Social Policy in Central and Eastern Europe: The Accession and Beyond, the World Bank, Washington, D. C. 2005, page 161.

面临较大的管理压力。

缴费基数不实、偷逃缴费的行为使得社会养老保险基金不能应收尽收，而日益严峻的基金收支矛盾又让政府"压力山大"。对此，政府尽管有如实征缴的意愿，但受征缴力量、技术手段等因素制约，不能完全掌握企业的用工、工资等情况，难以做到应收尽收。但这种状况正在随着信息数据技术的发展和应用而得到改善。技术进步不仅可以节约人力成本，而且可以解决因信息不对称而产生的管理难题。可以预见，政府掌握企业和个人经济活动信息的能力将越来越强，征缴能力也将越来越强。

但即使技术上完全做得到，政府也要考虑企业和个人的实际缴费能力。特别是，企业发展一方面关系着 GDP 和税收，另一方面关系着就业和社会稳定，使得政府不得不考虑严格征缴所产生的经济和社会影响，这也是一种不小的压力。

因此，如果能够缩减公共养老金计划，降低企业和个人的缴费负担，一方面企业和个人如实缴费的意愿会提高，另一方面政府依法严格征缴也不会对企业生产和个人生活造成太大的影响，政府管理的压力会随之减轻。

综上，在一些人看来，政府举办的社会养老保险计划既缺乏激励又难于管理，还要承担日益沉重的"兜底"保障责任，是"明知不可为而为之"的不明智之举。反观基金积累式的私人养老金计划，参保人为自己进行养老储蓄必会尽心竭力，也不劳政府督促，个人自担一切风险又使政府无"兜底"之虞，似乎是一个"双赢"的结果。因此从理性经济人角度，政府应该愿意缩减现收现付制公共养老金制度，扩大基金积累制私人养老金制度。

但走了远路，还是要回望一下来时的地方，审视一下初心：政府举办社会养老保险的初衷是什么？很显然，主要是通过代际供养及养老金权益再分配的方式来解决人们的养老风险（包括老年经济风险和长寿风险），特别是避免中低收入者的老年生活陷入贫困，而在基金积累制下，中低收入者单靠自己很可能无法积累起同样规模的养老资源，主要是因为他们工作期间可用于养老储蓄的资金有限。因此，举办社会养老保险、实现一定规模的养老金权益再分配是政府当为之事，不能因为一时的管理难题而质疑它的正当性、正义性，而应该不断提升管理艺术、技术来促成正当性、正义性的实现。

（二）金融机构的兴趣

金融机构之所以赞成世界银行方案，是因为基金积累制私人养老金制度能为他们提供获益的机会。金融机构通常按所管理基金资产规模的一定比例来提取管理佣金，不与基金投资收益情况挂钩，即不承担投资风险，"旱涝保收"。在管理费率确定的情况下，金融机构所管理的基金规模越大，绝对收益就越高。故金融机构对发展私人养老金计划总是抱持"多多益善"之态度。

如果一国改革进行得比较彻底和激进，将强制性的"现收现付"式的公共养老金制度改为强制性的完全积累式的私人养老金制度，则能够为经济发展提供持续的、规模不断增长的长期资金，就像智利养老保险私有化改革那样，这对于资金短缺的发展中国家特别具有吸引力，金融机构普遍能从中获得管理佣金。所以智利养老保险私有化改革之后，拉美许多国家纷纷跟进。

如果改革采取比较稳妥的做法，在公共养老金制度之外，逐步培育和发展职业年金、个人养老金制度，可以提高社会储蓄率，或者即使社会储蓄率没有提高，社会储蓄的结构也会发生改变，表现为长期储蓄比例上升，这有助于促进资本市场发展。但企业年金、个人养老金制度能否促进经济发展却受诸多因素影响，二者之间并不显示出直接的因果关系，这方面的内容将在后文进行论述。

储蓄结构的改变，意味着不同类型金融机构获益机会的变化。当社会收入绝大部分以银行储蓄的形式存在时，银行是主要获益者；当社会收入的一部分变成养老基金时，基金业、证券业、保险业的金融机构就有了获益机会。各国金融机构对发展私人养老金计划总是竭力地鼓与呼，是积极的倡导者和推动者。特别是当他们将发展私人养老金计划同资本市场、科技创新、经济发展等宏大叙事联系起来的时候，就颇能得到更多社会力量的支持。现阶段，科技强国在中国已经上升到非常高的战略地位。而最常被引用的榜样就是美国，其逻辑是：美国之所以强大，是因为它最具创新活力，背后有一个强大的资本市场（特别是纳斯达克）为科技创新提供资金支持、承担试错成本、准备退出通道，而养老基金是美国资本市场上最大的机构投资者。

但上述逻辑在美国的呈现是有条件的。换言之，美国是一个特殊的存在，不能轻易复制。

其一，养老基金被允许进入风险投资领域。如果美国政府不允这么做，养老基金的规模再大，也不会对美国的科技创新施加多少影响。而 20 世纪 70 年代中期以前的美国对私人养老保险基金投资安全性的强调非常类似于现在的中国，极少涉及对企业特别是新兴企业的直接投资。但美国经济增速的放缓加大了私人养老保险基金保值增值的压力，收益性成为美国政府必须正视的问题。为此，美国政府于 1978 年修改了《雇员退休收入保障法案》中有关"谨慎人"的条款，允许私人养老保险基金管理者投资于风险基金和从事其他高风险投资（1979 年以后新的法律允许养老基金总资产的 5% 投资高风险项目）。[①] 虽然 5% 的比例上限并不高，但由于私人养老保险基金规模庞大，能够在风险投资市场上起关键作用。但在中国，出于安全性考虑，目前仍不允许企业年金涉及股权投资、风险投资，因此对推动企业科技创新的作用大为减弱。

其二，风险投资对科技创新有持续投入的动力。对美国科技创新

---

① 杨玲. 美国私人养老基金与高技术产业发展关系研究. 科技进步与对策，2006 (10)：57.

形成重要支持力量的是风险投资，正如保罗·克鲁格曼在《萧条经济学的回归》中所写的那样：美国经济发展的60%~70%由新经济推动，而新经济的背后，是风险投资的金融支持。

美国斯坦福大学的研究报告统计，自1974年至2021年的1 400多家上市公司中，43%的公司是靠风险资本起家的。全美风险投资协会（NVCA）的统计数据显示，2020年美国风险投资基金为超过9 000家国内初创企业提供了资金，平均每天约有近25家企业总计获得了3.87亿美元。正是风险投资让美国科技企业层出不穷、独领风骚，至2020年年底美国独角兽公司达到510家，占全球近一半，总市值超过9 000亿美元。①

纳斯达克市场一个重要的作用就在于为风险投资提供退出机会。它通过细分市场，将那些发展潜力巨大、有可能为经济注入活力的科技企业纳入进来。② 其中，位于第三层次的纳斯达克资本市场主要是帮助中小型科创企业上市融资，而这些企业背后基本上都有风险投资的影子，都有众多的资本机构。而且由于禁售期较短（通常只有半年），税收条件优惠，有利于资本机构套现离场。因此，可以说风险投资与纳斯达克相互成就：没有风险投资，中小型科创企业起步都困难，纳斯达克资本市场就成无源之水；而没有纳斯达克资本市场，风险资本就会对投资科创企业顾虑重重，因为单靠风险投资的资金很可能无法支撑到科创企业盈利的那一天，纳斯达克资本市场允许亏损企业上市并设置较短的禁售期，给了风险投资更多的选择，或企业上市后继续持有股票，或套现离场。但从根本上看，支持科技创新的是风险投资。

---

① 张锐. 美国风险投资常年全球第一的秘密. 国际金融报,（2021-01-18）. https://baijiahao.baidu.com/s?id=16891715816201523148&wfr=spider&for=pc.

② 纳斯达克市场分为三个层次：第一层次是纳斯达克全球精选市场，面向业绩优良、红利丰厚的高市值企业；第二层次是纳斯达克全球市场，面向高成长性企业；第三层次是纳斯达克资本市场，面向规模较小的创新型企业。资料来源：美国、日本、以色列为何能成为硬科技强国？中国智库, AI科技评论,（2021-11-30）[2022-06-06]. https://mp.weixin.qq.com/s/xqaguZfkS3vHKtXS0gZ_KA?.

其三，美联储量化宽松货币政策。纳斯达克的成长得益于美国长期的量化宽松货币政策，流动性充裕导致大量资金持续流入股市[①]，使市场具有较高的流动性，便利风险投资套现离场。但这样的市场也容易滋生投机心理、催生资产泡沫，而且泡沫在遭遇紧缩货币政策时很可能破裂。历史上，伴随着美国1990年代的信息技术革命，纳斯达克指数大幅上涨，这很大程度上是量化宽松货币政策的结果。而随着世纪之交美国收紧货币政策，信息技术泡沫破裂，纳斯达克指数下跌，大量上市公司破产，对创新产生破坏作用。纳斯达克指数直至2015年才恢复到泡沫破裂前的水平。可见资本市场对创新并不一直都起积极的促进作用。

其四，美元世界货币的地位。美国是经济和军事强国，美元是世界货币，是最安全的避险资产，大国博弈、地区冲突、美联储加息、金融危机等因素极容易促使全球资金流向美国，资金使用成本较低。美国总能通过政治的、经济的、军事的种种手段左右美元流向，因此，美国资本市场是特殊的存在，它对资本的动员能力很难被其他国家或地区复制。

其五，美国丰厚的科技创新"土壤"。美国一直对全球高端人才有很强的吸引力。这种吸引力不仅来自更好的物质生活条件，更来自鼓励创新、宽容失败、自由开放的科技创新环境。而"创新土壤"的培育是一个系统工程，需要解决观念上、体制上、教育上、文化上、社会心理上、资源配置上等诸多与创新不相适应的矛盾和问题，没有创新型人才集群、没有热烈的创新氛围，没有开放包容、宽容失败的创新环境和创新评价体系，再完善的资本市场在促进创新这件事情上也是"巧妇难为无米之炊"。激励创新者的并不主要是财富，更多的是创新本身。

---

① 科技股领涨，正确认识资本市场和科技创新之间的关系. 搜狐网，(2020 - 07 - 09) [2023 - 02 - 16]. https://baijiahao.baidu.com/s?id=16717277468422578568&wfr=spider&for=pc.

如果过度看重财富激励，则会强化市场的投机文化，导致行为的短期化，反而不利于技术创新。

综上，科技创新与资本市场之间并无直接的因果关系。资本市场是科技创新的必要非充分条件。而且从国家创新成功的实践来看，支持创新的金融制度安排也并非只有资本市场这条"自古华山一条道"。

日本科技实力雄厚，许多技术领先世界。但支持日本科技创新的主要是银行而非证券市场，这是由以银行为主导的日本金融体系决定的，这一点与中国十分相似。在与科技创新企业的对接上，银行形成了分工，都市银行支持大型企业，中小金融机构支持中小微企业的科技创新。此外还有为中小科技企业搭建的完备的政策性融资支持体系和担保体系。[1]德国的情况与日本相似，金融体系也是由银行来主导，但这不妨碍德国形成强大的科技能力，大量的企业具有很强的竞争力。

以色列的科技创新能力历来为世人所称道，政府创设的投资引导基金（YOZMA）功不可没，被称为最成功的政府主导型创业投资引导基金之一。通过在该基金中引入国外资本和民间资本，实现了三个目的[2]：一是为本土风险投资者提供学习借鉴的机会，培育风险投资文化和能力；二是通过杠杆效应撬动各界资本涌入初创科技企业，为之提供足额的起步资金，也能分担创新风险；三是为政府资金退出提供渠道，以便支持新的科技创新企业。

然而，无论是日本、德国还是以色列，金融系统之所以能够对科技创新产生作用，根本上还是这些国家有着丰富的创新实践活动、长

---

[1] 美国、日本、以色列为何能成为硬科技强国？中国智库，AI科技评论，（2021-11-30）[2023-09-16］. https：//mp. weixin. qq. com/s/xqaguZfkS3vHKtXS0gZ_KA？. 国务院发展研究中心国际技术经济研究所，西安市中科硬科技创新研究院. 硬科技：大国竞争的前沿. 北京：中国人民大学出版社，2021.

[2] 美国、日本、以色列为何能成为硬科技强国？中国智库，AI科技评论，（2021-11-30）[2023-09-16］. https：//mp. weixin. qq. com/s/xqaguZfkS3vHKtXS0gZ_KA？. 国务院发展研究中心国际技术经济研究所，西安市中科硬科技创新研究院. 硬科技：大国竞争的前沿. 北京：中国人民大学出版社，2021.

期的技术积累。有了创新实践活动,本土的金融体系,无论是传统的银行系统还是政府引领和组织的专门金融机构,只要适合本国国情,都能够为创新活动提供资金支持。这对中国有着重要的借鉴意义,它打破了银行、政府不能支持企业科技创新的理论教条和惯性思维,用成功的实践表明,在间接融资占主导、资本市场尚不成熟的中国,探索银行和政府支持企业科技创新具有可能性、可行性和巨大的空间。只要不故步自封,在体制机制上积极改革创新,中国一定能够找到一条适合自己的金融支持科技创新的道路。

(三)中高收入者的计算

中高收入者之所以赞成世界银行方案,是因为他们的利益会得到更好地维护。现收现付制公共养老金制度都有收入再分配功能,高收入者的养老金权益会"净转出"一部分给中低收入者,对此中高收入者从本能上是不愿意的,不会自愿参加,这就是公共养老金制度为什么都采取强制的原因。比较而言,职业年金、个人养老金账户里的每一分钱都是自己的,而且缴费、投资、待遇领取等环节还有机会享受税收优惠。在中高收入者看来,如果能够把向公共养老金制度中雇主和个人的缴费都记入个人账户,不进行任何养老金权益转移和再分配,他们将由于收入较高而受益较大,这才算得上是真正的"颗粒归仓"。

政府、金融机构、中高收入者都赞成改革,改革就具有了强大的动力。政府掌握着改革的权力,金融机构和中高收入阶层凭借较强的社会影响力呼吁改革,游说政府,影响决策,一些学者也从理性经济人、激励相容等概念和机制出发去论证改革的利国利民功能。于是以私有化为方向的养老金制度体系改革在越来越多的国家展开。

二、约束力:"艾伦条件"约束力的弱化

那么,"艾伦条件"的约束就不重要了吗?它是重要,但它仅限于

规定现收现付制与基金积累制谁能提供更高的养老金待遇问题，它是一个整体概念，一个总量问题。总量问题之下还有一个结构性的分配问题。

首先，中高收入者很可能不认同"艾伦条件"的评价准则。对群体有利的事情往往对某一部分个体是不利的。因为即使工资增长率与人口增长率之和大于投资收益率，现收现付制公共养老金计划虽然能够实现比私人养老金计划更高的老年群体整体的保障水平，但由于内嵌了养老金权益再分配因素，结果肯定对中低收入者有利，高收入者到手的养老金待遇不一定会高于基金积累制。如果再分配力度比较大，而且工资增长率与人口增长率之和高出投资收益率不多，则私人养老金计划能够为中高收入者提供更高的养老金待遇。

其次，"艾伦条件"不是政府决策养老金制度体系改革的硬约束。对于政府决策而言，要在不同事物之间权衡，若是超出养老保障范畴，"艾伦条件"的约束力就会变弱。因为除了养老保障问题，政府还要考虑经济发展、资本市场发展所需资金来源问题。即使对于养老保障问题，政府也还要权衡公平与效率问题。当牺牲一点公平且社会可承受，或者牺牲的公平可以通过其他方式来弥补，即使私人养老金计划提供的养老金待遇低于公共养老金计划，但发展私人养老金计划能够促进资本市场和经济发展，只要收益大于成本，养老保障这个"局部"就可能得服从全局。除非养老保障本身对大局有着举足轻重的影响力，否则"艾伦条件"将可能不再成为政府改革养老金制度体系的绝对硬性约束条件。

第四章 养老金制度结构改革的国际实践：结果与挑战

国际上养老金制度改革的趋势是在公共养老金制度之外发展私人养老金制度，有些国家还尝试对现收现付制公共养老金进行部分积累制改革，如日本；甚至有些国家曾将现收现付制公共养老金制度改为强制性的完全积累式的私人养老金制度，如智利。从结果看，两个国家都不成功。其中重要的原因是投资回报率不及预期。这也是所有私人养老金制度面临的挑战。投资回报率不理想，尽管缴费确定型（DC）私人养老金制度没有公共养老金制度那样的财务可持续性问题，但却不得不面对待遇充足性问题。事实上，公共养老金制度的财务可持续问题的起因，是政府需要兑现承诺的养老金待遇充足性。除了投资回报率之外，私人养老金制度也面临覆盖面窄、扩大收入差距的问题，这不利于促进社会公平正义。而这些都是中国发展多层养老保险制度体系所必须正视和克服的问题。

第一节 私人养老金计划的投资回报

能够获得较高的投资回报率，无论是从短期功利主义的观点，还是从长期理性主义的观点，都是私人养老金制度存在的前提、意义和价值。否则私人养老金制度就变成金融机构获取廉价资金的工具，而人们是不会自愿选择这种制度的。

私人养老基金积累规模最大的是美国，其次是英国。2021年，美国、英国私人养老基金规模占OECD国家私人养老基金的比重分别为59.6%和10%，两者加起来占OECD国家私人养老基金的比重接近70%。美国、英国、荷兰、加拿大、瑞典、澳大利亚6个国家加起来占比为89.4%，其他OECD国家私人养老基金加起来占比10.6%（参见图4-1）。这说明，OECD国家私人养老基金的集中度比较高，主要分布在少数几个国家。

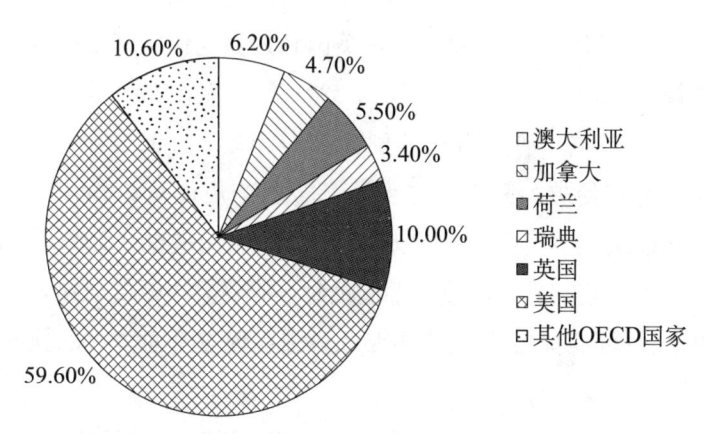

图4-1 OECD国家私人养老基金的地域分布（2021年）

资料来源：OECD Global pension statistics.

从私人养老基金规模占GDP的比重看，2021年，美国、英国、德国、法国、澳大利亚、加拿大、日本的数据分别为172.2%、122.8%、6.5%、11.1%、148.1%、165%、30.2%。①

美国是全球资本市场最发达的国家,也是全球私人养老保险基金规模最庞大的国家。私人养老保险基金在为金融市场提供持续资金支持的同时,其保值增值的使命也对金融市场提出较高的要求。因此我们着重分析美国私人养老保险基金投资收益情况。

从OECD公布的数据看,在一个较长时期内,美国私人养老保险基金的投资回报率并不是很高。2002—2022年,美国实际工资增长率为1.11%,而实际几何平均投资回报率为0.95%;而若从美国次贷危机发生年份算起,2007—2022年,美国实际工资增长率为1.06%,而实际几何平均投资回报率为-0.11%。2001—2019年,美国实际工资增长率为0.96%,仍高于实际几何平均投资回报率0.92%。② 美国养老保险基金的几何平均投资回报率之所以低于实际工资增长率,主要是私人养老保险基金在2002年、2008年和2022年发生严重亏损,投资回报率分别为-11.1%、-27%和-18.1%(参见图4-2),对长期投资回报率影响较大。总体上,美国私人养老保险基金投资于股票的比例较高,2001—2022年平均为32.37%,而在2001年、2007年、2021年三个节点,股票占比分别为35.64%、31.96%和36.72%。③ 2022年的亏损使美国私人养老保险基金资产规模从2021年的40.14万亿美元缩减至35.02万亿美元,占GDP的比重也从172.18%下降至137.52%。当遇到经济或金融危机时,股票大幅贬值会拖累长期投资回报率。这说明权益类资产占私人养老保险基金总资产的比重较高

---

① 数据来源:OECD Global pension statistics。数据背后反映出国家对发展私人养老金的态度和社会经济理念的不同。很显然,强调政府责任的法国、德国对此是比较谨慎的,而信奉自由主义、强调个人责任的美国、英国、澳大利亚、加拿大是比较支持的。

② 根据OECD Global pension statistics提供的数据计算得到。

③ OECD将私人养老保险基金投资分为直接投资和间接投资。如无特殊说明,这里的数据仅是直接投资的数据。

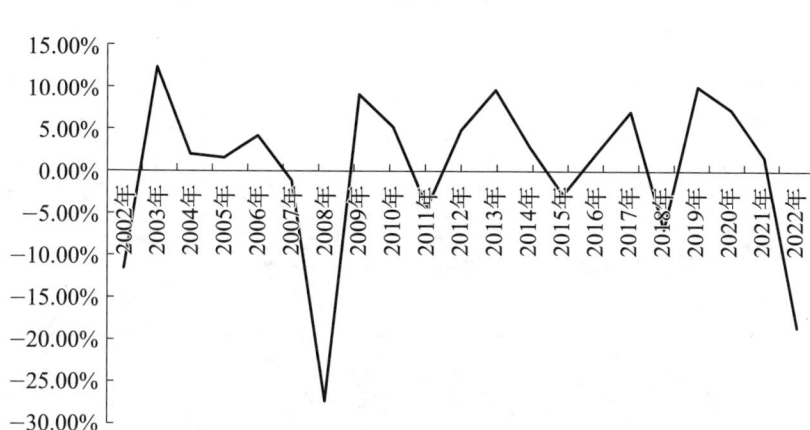

时，其应对大的经济或金融危机的能力偏弱。

图 4-2　美国历年实际投资收益率情况（2002—2022 年）

资料来源：OECD Global pension statistics。

与美国相比，同期英国私人养老保险基金投资于股票的比例平均为 29.34%，低于美国；投资于票据和债券的比例平均为 28.86%，高于美国（23.59%）。需要说明的是，2019 年，英国投资于"其他资产"①的比重突然从 2018 年的 9.4% 上升到 30.13%，之后逐年增加，至 2022 年达到 33.74%，而美国这一比例却保持在 11% 左右（参见图 4-3）。

英国的做法具有代表性。为了应对低利率对私人养老保险基金收益率的冲击，私人养老保险基金被迫以牺牲流动性来加大对另类资产的配置比例，以期获得更高收益。而且通常认为另类资产与股票等资产的相关性弱，如此可以优化投资组合，降低波动性。从短期看，2021 年、2022 年英国私人养老保险基金投资收益率分别为 0.5% 和 -25.4%，而美国分别是 2.1% 和 -18.1%（OECD Global pension statistics），英国的做法没有取得明显的成效。面向未来看，在低利率

---

① "其他资产"包括贷款、土地和建筑、未分配的保险合同、对冲基金、私募股权基金、结构性产品、其他共同基金（即未投资于股票、票据和债券的现金和存款）和其他投资。

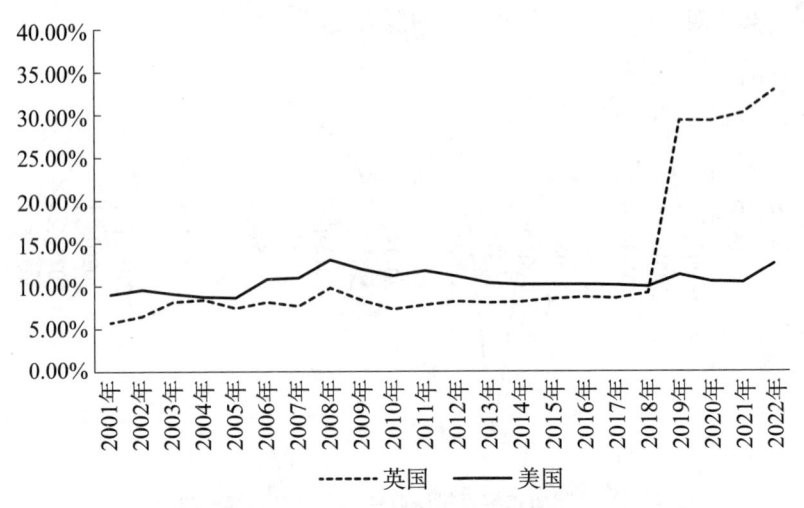

图 4-3 英美两国私人养老保险基金"其他资产"配置比重

资料来源：OECD Global pension statistics。

时代，一个国家的各类金融机构，以及国与国之间都可能会加大对另类资产的投资，这一领域的竞争将更为激烈，私人养老保险基金获利的空间会被压缩。

综上，在市场利率下行的趋势下，私人养老保险基金投资面临着更大的挑战，如何平衡安全和收益之间的关系考验着监管政策、治理结构特别是投资管理人的能力。

另外，在研究投资回报率时，还要考虑管理运营费用的影响。有研究表明，管理费用未必会呈现人们理想中的规模经济效应，即金融资产规模越大，管理费用率相对越低。在美国，1950—1999 年间，全美基金行业的资产规模从 25 亿美元增长到 7.2 万亿美元，增长了约 2 900 倍，但基金的绝对运营费用从 1 500 万美元增长到 650 亿美元，增长了约 4 300 倍。管理费用增长率是基金规模增长率的 1.48 倍，呈现出明显的规模不经济。又如，1960 年最大规模的 10 家基金公司的平均费用率为 0.51%，而到 2008 年这一数字却增长到 0.96%，增长幅度高达 88%。① 而管理运营费用会严重侵蚀私人养老金的收益。有学者根据合理的假设来模拟计算，结果表明，每年对账户资金收取 1% 的管理费用最终会造成其终身养老金账户资产减少 20%。②

第二节 私人养老金计划的覆盖面及人群特征

私人养老金计划覆盖面大小是判断该制度的成熟度和公平性的重要标准。私人养老金计划虽然向所有符合条件的企业和个人开放，但如果长期只有少数企业和个人参加，没有惠及大多数人，那么它很难称得上是一个成熟的、普惠的养老保险制度，反倒更像是"俱乐部"制度；它虽然做到了机会公平、过程公平，但失之结果公平。而在比较不同国家私人养老金计划覆盖面时，一定要考虑强制与否和待遇支付类型（DB 型还是 DC 型）对其产生的影响。

一、私人养老金计划的强制程度

私人养老金计划根据强制与否及强制程度分为强制型（准强制型）、自愿型、自动加入型三种类型。采用强制型的国家如芬兰、挪威、瑞士等国；采用准强制型的国家如丹麦、荷兰、瑞典等。③ 采用自愿型的国家如美国、法国、德国、奥地利、捷克等；采用自动加入型的国家如英国、意大利、新西兰、土耳其等。

---

① 约翰·博格. 投资先锋：基金教父的资本市场沉思录. 北京：机械工业出版社，2012：157，169.
② Nicholas Barr（ed.）. Labour Markets and Social Policy in Central and Eastern Europe: The transition and beyond, Oxford University Press/The World Bank, New York.
③ 强制型计划，是由法律要求企业必须建立的；准强制型计划，是在行业层面经集体谈判协商同意后，要求行业内企业建立的。

二、强制程度对覆盖率的影响

OECD 国家中采用强制型职业年金计划（ocupational pension）的国家的覆盖率普遍较高。2019 年，17 个此类国家的职业年金计划对工作年龄人口的覆盖率超过 70%，其中芬兰最高，覆盖率达到 93%，采用准强制型职业年金计划的荷兰也达到 88% 左右。比较之下，采用自愿型职业年金计划的国家当中，有些国家的覆盖率较高，德国、冰岛有超过 50% 的雇员参加职业年金计划，日本、比利时有超过 50% 的工作年龄人口参加职业年金计划；但有些国家的覆盖率较低，如意大利等。采用自动加入型职业年金计划的国家，如新西兰（始于 2017 年），工作年龄人口的年金计划的覆盖率从 2010 年的 42% 上升到 2019 年的 79%；又如英国，工作年龄成年人中加入职业年金计划的比例从 2015 年的 38% 增长到 2018 年的 48%。在美国，自愿型职业年金计划的覆盖率为 50% 左右。[①]

与职业年金相比，个人储蓄型养老金计划的覆盖率明显偏低，在美国为 20% 左右，日本低于 20%，德国（李斯特养老金）为 30% 左右，法国、英国都低于 10%。这说明，少了企业的匹配缴费，个人储蓄型养老金计划的吸引力远不如职业年金计划。

职业年金计划覆盖率下降的国家有两个，一个是匈牙利，原因是该国于 2011 年将职业年金计划类型由强制改为自愿，导致 2019 年的覆盖率略低于 2009 年，不进反退；另一个是奥地利，主要原因是 2012 年之后，随着政府补贴的减少和低利率市场环境导致的低回报率预期，参保人数开始下降。[②] 匈牙利和奥地利的例子表明，职业年金

---

① 资料来源：OECD：Pension-Markets-in-Focus-2020。
② 资料来源：OECD：Pension-Markets-in-Focus-2020。

计划的覆盖面并不总是单向扩张的，随着强制性的减弱、投资回报预期的下降，有可能出现反向萎缩。

三、强制程度与待遇给付方式的关系

从OECD国家的总体情况看，强制型（准强制型）、自动加入型职业年金计划的覆盖率高于自愿型职业年金，职业年金的覆盖率高于个人储蓄型养老金。但采取强制型（准强制型）职业年金计划的仅为少数国家，多数国家仍采用自愿型职业年金计划。

采取强制型或准强制型职业年金计划的国家，如丹麦、芬兰、挪威、瑞士，在待遇给付方式上都是待遇确定型（DB）。在荷兰，虽然在待遇给付方式上待遇确定型（DB）与缴费确定型（DC）并存，但目前94%的职业年金计划是待遇确定型的。

自愿型职业年金覆盖率较高的国家中，德国是待遇确定型的，而日本、比利时、美国、加拿大都是缴费确定型与待遇确定型并行的。加拿大是以待遇确定型为主，而美国逐渐由待遇确定型转向缴费确定型，虽然待遇确定型养老金资产所占比例由2019年的37%下降到31%，但仍高于缴费确定型养老金资产。[①]

实行自动加入计划的国家，如英国、新西兰、意大利、土耳其也都是缴费确定型与待遇确定型并存的。目前意大利是以缴费确定型为主，而土耳其是以待遇确定型为主。

另外，拉美、中东欧的一些国家没有职业年金计划，如智利、哥伦比亚、秘鲁、罗马尼亚、匈牙利、斯洛伐克等国，几乎只有个人储蓄型养老金计划。[②]

---

① 资料来源：OECD：Pension-Markets-in-Focus-2020。
② 以上内容参见OECD：Pension-Markets-in-Focus-2020。

DB 型、DC 型职业年金计划都易受到市场利率的影响，但作用方式不同。对于 DB 型职业年金计划，市场利率变化会影响其资产负债表，在市场利率特别是长期利率低水平的趋势下，其负债会增加，大概率会出现资不抵债的情况。而为了在低利率环境中获得较高的投资回报率，DB 型职业年金计划有可能采取激进的投资策略，冒更大的风险，这会加大投资回报的波动性。对于 DC 型职业年金计划，低利率市场环境则会抑制其整体投资回报率。

通过上述分析，可以帮助我们认清如下事实：

其一，DC 型职业年金并没有一统天下，DB 型职业年金在发达国家仍然存在，反倒是发展中国家大量采用 DC 型职业年金计划和个人储蓄型养老金计划，这应该引起我们的认真思考。

其二，在评价职业年金在多层次或"多支柱"养老金制度体系中的地位和作用时，一定要区分职业年金的类型是 DB 型还是 DC 型，二者提供的年金待遇水平和安全性是不同的。

其三，与职业年金相比，个人储蓄型养老金计划的激励功能更弱、覆盖面更窄，这对中国的个人养老金制度是一个警示，它可能并不容易成长为一个多数人参加的制度，对它的功能和作用要冷静客观地看待。

其四，职业年金计划也可能发生后退，像奥地利发生的那样，政府补贴的下降、预期回报率的下降等因素都可能使人选择退出。

第三节 扩大私人养老金计划对社会公平的影响

私人养老金计划追求效率，缴费本金和收益全部归个人所有。但企业和个人的初始禀赋和发展际遇往往不同。对个人而言，有没有加入私人养老金计划是个分水岭；而加入私人养老金计划的人当中，收入水平的差距又决定了个人的私人养老金缴费水平不同。在复利机制作用下，这些缴费日积月累，最终使私人养老金积累规模呈现较大的差异。这不由让人思考国家以减免企业和个人税收为代价来发展的私人养老金计划会对社会公平产生怎样的影响。

一、对收入不平等程度的影响

OECD 发布的 Pension-Markets-in-Focus-2020 报告称，在其统计的国家当中，多数国家的 DC 型职业年金和个人养老金资产规模总额高于 DB 型职业年金。拉美、中东欧一些国家仅有 DC 型个人养老金计划。这说明世界范围内 DC 型补充养老保险计划已占主导地位，而这会扩大社会收入分配差距，损害社会公平。

从 OECD 国家老年人的收入构成看，平均而言，公共转移收入（包括与收入关联的养老金收入和基于家计调查的福利收入）、职业年金计划收入占比分别为 57% 和 7%。而职业年金计划收入占比较高的几个国家，如荷兰、瑞士、土耳其、加拿大等，职业年金制度模式都是以待遇确定型为主。这说明大多数国家老年人的收入主要来自公共养老金，其次是待遇确定型职业年金。[①]

pension at a glance（2021）报告显示，2018 年 OECD 国家中有 23 个国家的总人口的收入不平等程度（用基尼系数衡量）高于老年人口的收入不平等程度，其原因主要是第一层次养老金、与收入关联的养老金制度的再分配特性以及养老金收入封顶线，这印证了公共养老金制度对于减轻社会收入不平等程度的作用。有 14 个国家的老年人口收入不平等程度较高，比较典型的是墨西哥，老年人的基尼系数达到 0.473。这是因为墨西哥老年人的收入当中，公共养老金占比很小，主

---

① 资料来源：OECD：pension at a glance（2021）。

要是 DC 型职业年金收入和工作收入。由于养老金制度体系对收入再分配的功能较弱，导致老年人的收入不平等程度更高。

再观察美国的情况。美国公共养老金采取分段计发的方式，替代率具有类似个人收入所得税的累退性质，即收入越高者的养老金替代率越低，养老金权益具有明显的再分配性质。目前美国公共养老金的平均替代率约为 40%，中低收入者具有更高的替代率。但美国老年人的收入不平等程度（0.411）却高于总人口的收入不平等程度。最可能的原因是，美国的职业年金和个人养老金拉大了老年人的收入差距，一个原因是部分中低收入者没有参加私人养老金计划，即使参加了私人养老金计划的中低收入者，其缴费水平普遍较低，在复利机制的作用下，其私人养老金积累规模与高收入者之间就会出现明显的差距。

从英国和法国这两个国家的情况对比也可以发现私人养老金计划和公共养老金计划对收入分配的影响。英法两国的人口老龄化程度相当，区别在于英国的养老保险制度是以私人养老金计划为主，而法国是以公共养老金计划为主。2008 年金融危机期间，英国退休人群的贫困率（28.4%）是法国（8.8%）的 3 倍多。[①] 这暴露出私人养老金计划无法共济风险的弱点。另外，"pension at a glance（2021）"提供的数据也显示，法国 65 岁及以上老人的贫困率是 4.4%，远低于英国的 15.5%，也低于 OECD 国家 13.1% 的平均水平。

私人养老金待遇水平的决定因素之一是参保人的缴费水平。在缴费期限、投资回报率相同的情况下，参保人缴费水平越高，在复利机制的放大作用下，其最终积累的养老金规模就越大。

假设净投资回报率为 8%，缴费年限为 30 年，参保人甲每年缴费 100 元，参保人乙每年缴费 1 000 元，30 年后，甲乙二人积累的养老

[①] Christine Lagoutte, Anne ReimatPension, "Systems after the Storm: France and the United Kingdom in a Comparative Analysis", European Journal of Comparative Economics, 2012, 9 (2).

金资产规模分别为 12 235 元和 122 346 元。甲乙二人每年 900 元的缴费差距（30 年累计缴费差距 27 000 元），在复利机制的作用下，最终产生 11 万多元的绝对差距。因此，私人养老金计划对高收入者的意义要远远大于对中低收入者的意义。

养老金替代率是个相对值，即使替代率相同，中低收入者获得的养老金待遇的绝对值要远远低于高收入者。在初次收入分配差距扩大的背景下，私人养老金计划不仅没能调节收入分配差距，反而通过复利机制使收入差距进一步扩大。

另外，DC 型职业年金还有可能因投资失败造成老年贫困。智利总体贫困率为 16.5%，66 岁及以上老年人口贫困率为 17.7%[①]，这其中应有 DC 型个人账户养老金收益率偏低的原因。

二、中高收入者是私人养老金计划税收优惠政策的主要受益人

税收优惠政策对所有私人养老金计划参加者一视同仁。但现实当中，不同的税收优惠模式却会对收入水平不同的人产生不同的影响。

（一）税收优惠模式

政府对私人养老金计划征税可发生在三个环节，即缴费环节、投资运营环节和养老金待遇领取环节。在每个环节，政府可选择征税，也可以选择免税［E（exempt）代表免税，T（tax）表示征税］，由此形成八种排列组合，即八种征税方案（参见表 4-1）。

表 4-1 征税模式的种类

征税模式	缴费	投资收益	待遇
EEE	免税	免税	免税
EET	免税	免税	征税

---

① 数据来源：OECD 统计网站。

续表

征税模式	缴费	投资收益	待遇
ETT	免税	征税	征税
ETE	免税	征税	免税
TTT	征税	征税	征税
TET	征税	免税	征税
TTE	征税	征税	免税
TEE	征税	免税	免税

从国际上看，美国、英国、德国、日本、加拿大等发达国家选择 EET 模式，以色列、匈牙利、捷克等国家选择 TEE 模式，丹麦、希腊、意大利等国家选择 ETT 模式，澳大利亚、新西兰、土耳其等国家选择 TTE 模式，哥伦比亚、斯洛伐克等国家选择 EEE 模式，法国、奥地利、葡萄牙、韩国等选择 TET 模式，而 TTT 模式少有国家实践。中国的企业年金计划原来实行的是 TEE 模式，但目前企业（职业）年金、个人养老金计划均采用 EET 模式。因此，以下主要对比分析 EET 和 TEE 两种模式。

EET 模式的优势是，由于理性程度和预见力有限，人们对当期损失的敏感度普遍要高于未来损失，对当期收入的评价也要高于对未来收入的评价。因而企业和个人更在意对缴费和投资收益的税收减免，EET 模式更能激励其参加私人养老金计划。与之相比，TEE 模式下，企业和个人却要为缴费而纳税，相当于多损失一笔当期收入，这会降低人们接受私人养老金计划的意愿。

理论上，EET 与 TEE 相比只是延期缴税而不是免税，二者最终的纳税额是相同的，即表现为"税收中性"。这可以通过一个模拟计算来观察。

假设一笔 100 元的私人养老金缴费，投资期限为 5 年，年均收益率为 10%，税率为 20%，简便起见不考虑通货膨胀的影响，这笔缴费在各种税收模式下的收益情况如表4-2所示。

表4-2 100元个人养老金缴费在各种税收模式下的收益组合

税收模式	EET	TEE	TTE	ETT
缴费	100	100	100	100
对缴费征税	—	20	20	—
年金基金	100	80	80	100
净投资收益	61.05	48.84	35.38	44.23
退休时年金基金积累	161.05	128.84	115.38	144.23
对年金给付征税	32.21	—	—	28.85
净年金给付	128.84	128.84	115.38	115.38
税收的净现值	20.00	20.00	28.36	28.36

可以看出，EET与TEE比较，TEE是在缴费环节纳税，而EET是将纳税延迟至待遇领取环节，但两者最终得到的私人养老金净现值完全相同，这说明理论上EET并不能产生减免税收效果，相较于TEE并不能对企业和个人参加私人养老金计划产生特殊的税收激励作用。果真如此吗？答案是否定的。

其中的道理在于，理论是抽象的，现实却无比生动。

虽然理论上EET和TEE都是"税收中性"的，都会产生相同的税收结果，但前提是所适用的税率须相同。但在现实当中，同样的缴费在缴费环节和待遇领取环节可能会适用不同的税率，由此形成不同的税收结果及相应的养老金待遇水平。

（二）税收优惠模式对不同收入水平群体的影响

总体而言，EET模式对高收入者有利，而TEE模式对低收入者有利，至少是无害的。[①]

[①] 另外，与TEE相比，EET可以使金融机构获得更多的资金，从管理和运营年金基金中获得更大的利益。因此，高收入者和金融机构是赞成EET的，他们又有较强的话语权，这是EET被更多国家采用的一个重要原因。

假设在缴费环节的适用税率是 T1，在养老金待遇领取环节的适用税率是 T2。若不考虑管理费用、通胀率等因素的影响，则当 T1 等于 T2 时，TEE 和 EET 的税收结果是相同的。但若 T1＞T2，则 EET 模式下的养老金待遇会更高；反之，若 T1＜T2，TEE 模式下的养老金待遇则更高。

在采取综合所得税制的国家，高收入者在其工作期间的总收入通常要高于其退休之后的总收入，因此私人养老金计划若采用 TEE 模式，其就要在缴费环节纳税，适用较高税率，因为收入越高，适用的税率越高；而若采用 EET 模式，其在领取养老金待遇环节纳税，适用较低税率。换言之，EET 模式下的养老金待遇高于 TEE 模式。EET 模式同时产生了延税和减税的作用。缴费环节和待遇领取环节所适用税率的差异对于收入越高的人越明显，所起到的减税效果也越明显。对于收入越低的人而言，缴费环节和待遇领取环节所适用的税率变化越不明显。

中国目前的个人所得税制正在由分类税制向综合税制转变，但中国企业年金和个人养老金在领取待遇时仍是分别单独计税。企业年金采用"工资、薪金所得"项目所适用的累进税率，具体税率视每次领取的年金额度而定。企业年金待遇可以"按月、分次或者一次性领取企业年金"。这当中，选择按月领取适用税率最低，一次性领取适用税率最高，这显示了政府鼓励人们平滑地消费年金待遇的政策设计意图。对于高收入者而言，其在 TEE 模式下，缴费资金最高适用 45% 的税率；而在 EET 模式下，企业年金待遇特别是按月领取的企业年金待遇，所适用的税率会大幅下降。而对于中低收入者而言，若其应税收入低于纳税起征点，则其在 TEE 模式下不需要纳税，但在 EET 模式下却要缴税，EET 模式加重了其税负。

中国最近的个人所得税改革，有两项内容对私人养老金计划产生较大影响：一是提高个人所得税起征点，从 3 500 元提高到 5 000 元；

二是增加专项扣除，将子女教育、继续教育、大病医疗、住房贷款利息、住房租金、赡养老人六项在税前予以专项扣除。这两项税改内容会在工资收入不变的情况下降低私人养老金计划参保人的应税收入。如果采取TEE模式，部分原先需要缴税的人现在不用缴税，部分原先适用较高税率的人现在适用较低税率，人们的税负会不同程度地减轻。但由于统一采用EET模式，在领取养老金待遇时纳税，这对于当期工资收入免于纳税的人而言，选择不参保成为明智之举。因为其在TEE模式下免税，但却要在EET模式下纳税。例如，试行个人税收递延型商业养老保险试点政策的某地反映，专项扣除政策实施之前，8 000元以上者就能享受到税收优惠政策带来的利益，而专项扣除之后只有月工资达到16 000元以上才能享受到税收优惠政策带来的利益，而达到这种水平的人毕竟是少数。

中国的个人养老金与企业年金相比又有特殊性。个人养老金虽然也要单独计征个人所得税，但采用的是固定税率（目前税率为3%，相当于"工资、薪金所得"项目所适用的最低税率）。无论个人养老金积累额多少，也无论是一次性领取、分次领取抑或是按月领取，税率都不变。这对收入越高的人越有利。例如，对于在TEE模式下，缴费资金适用税率为45%的高收入者而言，在EET模式下，税率将下降42个百分点。而对于中低收入者而言，只有在当期应税收入的适用税率达到3%以上时才有参加个人养老金计划的积极性，否则其在缴费时本来就无须纳税，缴费端免税对其无意义，却要在领取个人养老金待遇时纳税，EET模式不如TEE模式。

三、私人养老金计划对收入分配的影响

前文已述，人们是否参加私人养老金计划、缴费水平高低，在复利机制的作用下，最终会形成较大的养老金差距。实质是将初次收入

分配的差距带入私人养老金计划,并通过复利机制加以放大,进一步扩大收入差距。英国的数据能够反映这一问题。英国税务海关总署将英国的家庭财富水平从低到高划分为十个分位(每组各10%的家庭),它呈现出以下特点[①]:

第一,十分位数越高的家庭,主要财富类别就越多样化,涵盖私人养老金(private pension wealth)、物质财富(physical wealth)、不动产(property wealth)、金融财富(financial wealth)等类别;最低十分位的家庭几乎没有私人养老金。

第二,十分位数越高的家庭,私人养老金占总财富的比重就越大。九分位和十分位的家庭财富中,私人养老金占比都是最高的。可见,私人养老金计划对高收入者的价值比对低收入者要高得多。

第三,政府税收减免所形成的收入主要归入财富排名在七分位及以上的家庭。这表明高收入者是私人养老金计划的主要受益人。

对于私人养老金计划税收优惠政策造成的收入不平等,英国政府也进行了针对性改革,引入了"终身免税额度",即为个人一生能够享受的税收优惠额度设置封顶线,超过此线的私人养老金计划缴费将不再予以免税,以避免高收入者过度享受税收优惠的政策红利。

第四节　日本部分私有化养老金制度结构改革的实践

关于中国城镇职工基本养老保险制度改革,一些人建议将个人账户分离出去,实行完全积累制。接下来的问题是,这个完全积累制的个人账户,应是缴费确定型的,还是待遇确定型的呢?如果是缴费确定型的,那完全由参保者自担风险、自负盈亏,从而个人账户不再是

---

① 资料来源:英国税务海关总署《财富和资产调查》,转引自中国劳动和社会保障科学研究院承担的英国繁荣基金项目"中英养老保障二三支柱税优政策比较研究"。

城镇职工基本养老保险"保基本"功能的组成部分。而如果想让个人账户继续承担"保基本"的功能,那么它就必须是待遇确定型的基金积累制,仍是基本养老保险的组成部分。那么待遇确定型的个人账户制度能实现"保基本"功能吗?或许日本雇员年金基金制度(简称EPF)的实践能够带给我们一些启示。[①]

一、EPF 的由来

EPF 始于 1966 年,是"现收现付"式日本厚生年金制度尝试部分积累制改革的产物。EPF 的出现将厚生年金的参保人分为两类:一类是不参加 EPF 的人,只领取来自厚生年金"现收现付制"部分的养老金;另一类是参加 EPF 的人,可以领取两部分收入,第一部分收入是与"现收现付制"厚生年金待遇相当的养老金(由厚生年金和 EPF 中的协议给付待遇构成),第二部分收入是 EPF 中的补充性养老金(参见表 4-3)。不难看出,相对于不参加 EPF 的人而言,理论上参加 EPF 的人将多得到一份由 EPF 提供的养老金待遇。而实际上能否得到 EPF 补充性养老金,以及其待遇的高低与 EPF 基金的投资运营状况密切相关。建立 EPF 的初衷是将厚生年金的一部分缴费资金通过市场化投资运营来获得超过"现收现付"模式所能够提供的补充性养老金待遇。之所以做如此改革,是因为当时日本的经济正处于第二次世界大战之后的高速增长期,基金的投资回报率高于工资增长率,推行部分积累制改革"有利可图"。但日本决策部门犯了经验主义、"形而上学"的错误,以为高投资回报率可以长期维持,没能从长期主义的视角来理性地、动态地看待投资回报率与工资增长率之间相对关系的变化,这就为之后的失败埋下了伏笔。

[①] 关于日本 EPF 实践主要参考了高山宪之. 养老金改革:全球共识与日本经验. 王新梅译,北京:中国财政经济出版社,2023。

表4-3　EPF对养老金待遇结构的影响

不参加 EPF 的人	参加 EPF 的人
国民年金	国民年金
厚生年金	厚生年金
	EPF 协议给付
	EPF 补充性给付

资料来源：高山宪之．养老金改革：全球共识与日本经验．王新梅译，北京：中国财政经济出版社，2023：137。

EPF的资金来源于厚生年金缴费的一部分。当时厚生年金的总费率为7%～8%，划给EPF的费率为2.4%～5%。EPF基金由企业负责投资运营并支付承诺的养老金待遇，是待遇确定型的基金积累式养老金计划。在投资运营方式上，企业可以自己投资运营，也可以委托市场金融机构投资运营。

EPF能否够获得高于现收现付制养老金制度提供的待遇，有一个假设前提，即其投资回报率是否大于5.5%。5.5%是日本政府设定的基准收益率。若EPF基金投资回报率低于5.5%，就无法兑现承诺的养老金待遇，EPF基金将出现资金缺口。

二、EPF 的运行情况

EPF出现的时间正值日本经济增长的黄金时期，这为EPF基金提供了良好的投资机遇。EPF基金主要投资了国债和公司债等固定收益类资产，也有一部分股票，在1990年日本股市泡沫破裂之前，平均投资回报率为9%～10%左右，收益水平不仅较高而且稳定，为参保人积累了额外的养老金权益。高投资回报率激励着EPF基金数量不断增长，从1966年的142个增至1996年的1 883个（参见图4-4）。

图 4-4 EPF 数量的变化

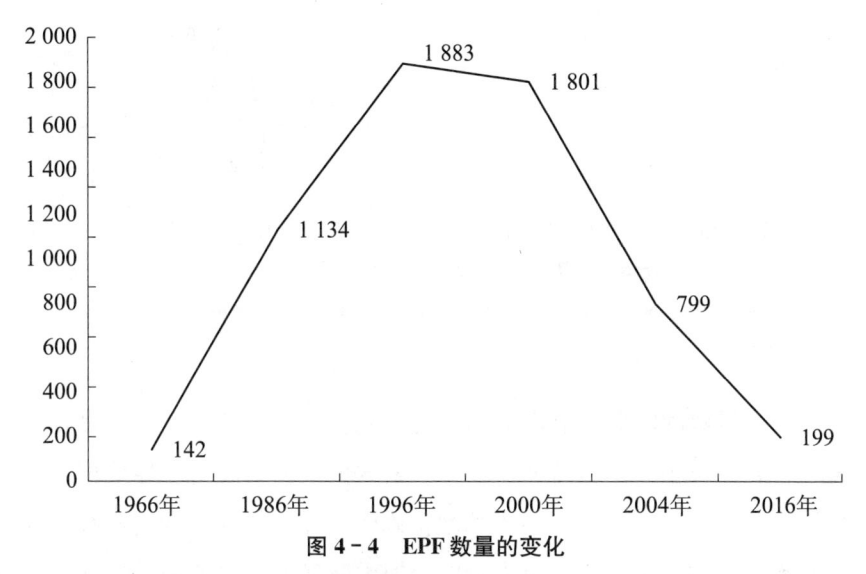

资料来源：高山宪之. 养老金改革：全球共识与日本经验. 王新梅译，北京：中国财政经济出版社，2023：140。

但自 1990 年日本股市泡沫破裂之后，日本经济开始进入"失去"的时代。受此影响，EPF 基金投资回报率迅速下降，而且大幅波动（参见图 4-5），基金积累规模与企业承诺支付的养老金待遇之间出现了缺口，而且缺口越来越大。为了弥补日益扩大的养老金缺口，企业被迫采取减少用工、降低薪资涨幅、缩减设备投资、减少股东分红等措施来筹措资金。这既影响了企业的信用评级，又引发了股东和员工的不满。EPF 存在的经济条件和企业意愿渐渐丧失，于是企业和工会联合呼吁允许中止 EPF，退回到完全"现收现付"的厚生年金制度。企业的吁求在 2002 年 4 月得到批准。自此 EPF 基金的数量急剧下降，到 2016 年仅剩下 199 个。从头到尾，EPF 经历了一次"兴也勃焉、亡也忽焉"的"过山车"般的悲喜之旅。EPF 的覆盖率在最辉煌时曾达到 37%（1996 年），但到 2015 年的时候已经大幅降至 8.3%，该制度几近消亡。

图 4-5　日本 EPF 基金的名义投资回报率　单位：%

资料来源：高山宪之. 养老金改革：全球共识与日本经验. 王新梅译，北京：中国财政经济出版社，2023：139。

日本缴费确定型基金积累式养老金制度，始于 2001 年 10 月，但规模一直比较小，待遇确定型基金积累式养老金制度占主导地位。至 2016 年 5 月，以企业为单位参加缴费确定型养老金计划（企业型年金计划）的有 580 万人，以个人身份参加缴费确定型养老金计划（个人型年金计划）的有 26.5 万人，总人数占仅占公共养老金制度参保人数的 8.8%[1]，这与中国企业年金的景气水平颇为相近。

三、EPF 制度失败的教训

日本于 20 世纪 70 年代进入人口老龄化阶段，目前是世界上人口老龄化程度最严重的国家[2]，因此日本现收现付式的厚生年金制度应对人口老龄化的压力远超中国。日本又是一个经济发达国家，拥有发达的资本市场，能够为职业年金、个人储蓄型养老保险等私人养老金制度的发展

---

[1] 高山宪之. 养老金改革：全球共识与日本经验. 王新梅译，北京：中国财政经济出版社，2023：147。

[2] 根据日本总务省 2020 年 9 月公布的人口估算数据显示，日本全国 65 岁以上老年人比上年增加 32 万人，达到 3 588 万人，占总人口的比例升至 28.4%。预计今后该比例还会上升，2025 年可达 30.0%，2040 年达 35.3%。转引自刘军国. 日本老龄化问题日趋严重. 人民网，（2019-10-31）[2022-06-19]. http://world.people.com.cn/n1/2019/1031/c1002-31429506.html。

提供相对完备的金融服务基础设施和较为丰富的投资品种。因此，日本是世界银行养老金私有化方案试验的天选之地，日本应该更有条件通过实施积累制养老金计划来应对人口老龄化挑战。日本也确实通过推行 EPF 来回应世界银行的关切，但结果令人失望。EPF 的失败带来如下启示。

1. 积累制养老金计划并不天然地具备应对人口老龄化挑战的能力

积累制养老金计划按待遇给付方式分为两种类型，一种是缴费确定型，另一种是待遇确定型。从筹集资金的角度看，积累制养老金计划的确具有激励参保和缴费的功能，因为其设计符合激励相容原则。每个参保人的缴费及投资收益完全归个人所有，不与他人"共济"，由此能最大限度地促进参保人多缴费、长缴费，为老年生活积累尽可能多的资金。这体现了积极应对人口老龄化的一面。

但从发放待遇的角度看，无论是缴费确定型还是待遇确定型积累制养老金计划，与现收现付制养老金计划相比都无必然的优势。决定参保人养老金待遇的因素，除了缴费水平和缴费年限这两个可由参保人自己决定的主观因素外，最重要的一个因素是投资回报率，它却由经济发展和金融活动的水平决定，是不可控的客观因素，具有不确定性。如果实际投资回报率与预设的投资回报率相差甚远，在复利机制的作用下，实际养老金待遇与预期养老金待遇的差距会被成倍放大。特别是如果投资回报率低于工资增长率，在复利机制的放大作用下，积累制养老金计划的替代率将明显低于现收现付制养老金计划。在此情形下，如果实行的是缴费确定型的积累制养老金计划，它等于是通过自动降低替代率来实现财务收支平衡，这固然是满足了制度可持续性的要求，但这种可持续性是通过将现收现付式养老金制度下政府面临的压力和风险向参保者个人转嫁来实现的；如果实行的是待遇确定型的积累制养老金计划，为兑现承诺的养老金待遇，企业则要从其他渠道筹措资金来弥补替代率之差，这与现收现付制养老金制度下政府的财务状况本质上没有差别。因此，由于投资回报率的不确定性，使得积累制养老金制度在应对人口老龄化挑战方面并不比现收现付制养老金计划制度天然地具有优势。

2. 积累制养老金计划不具备抵御抗通货膨胀的能力

通货膨胀在人类历史上周而复始地出现。在通货膨胀特别是恶性通货膨胀面前，积累制养老金计划将陷入瘫痪，甚至土崩瓦解。这方面日本有比较深刻的教训。创建于1942年的日本厚生年金原本实行基金积累制。第二次世界大战之后，由于物资紧缺，日本出现了恶性通货膨胀，物价在1945年10月到1949年4月期间上涨了100倍，厚生年金基金严重贬值，厚生年金制度随之暂停。鉴于沉痛的历史教训，日本在1966年重建厚生年金制度时，将之改为"现收现付制"，其重要原因之一就是"现收现付制"比基金积累制更具抵御通货膨胀的能力。①

从对待积累制养老金计划的态度来看，遭遇过恶性通货膨胀的一些国家态度比较谨慎，如日本和德国。德国在第一次世界大战之后经历了人类历史上为数不多的超级通货膨胀，德国马克与美元的汇率在1914年是4.2∶1，到1923年贬值到4 200 000 000 000∶1。惨痛的经历让德国政府和人民刻骨铭心，时至今日德国仍是世界上控制通货膨胀最为严格的国家。这种集体记忆也对德国养老金制度结构产生影响。与美国、英国等其他发达国家相比，德国积累制养老金的规模相对较小，民众更多地仰赖公共养老金制度。

---

① 法国与日本有类似的经历。第二次世界大战之前，迫于工会的压力，法国政府于1930年颁布实施第一部社会保险法，为全体工薪者建立了一个基金积累的养老金制度。但不幸的是，该制度随即便遭遇世界性的经济和金融危机（俗称"经济大萧条"），养老基金大幅缩水，退休者的养老权益无法保障。法国人于是对基金积累制十分警惕。第二次世界大战之后，大量原本属于中产阶级的老人由于战争引发的通胀、金融市场失序等原因而损失了储蓄和投资，陷入贫困，成为社会不稳定因素，需要国家筹措资金来为他们养老，于是法国政企就引入了现收现付养老金制度。因此，面对世界性的、系统性的灾难，无论是战争还是经济危机，金融体系肯定会大幅震荡，届时人们都会抛售资产、追求现金，各类资产价格大幅缩水，养老基金投资遭受巨额亏损。

第五节　智利完全私有化养老金制度结构改革的实践

智利是世界银行试图树立的养老金私有化改革的样板。在习得美国自主主义的"精髓"后，智利年轻气盛的激进改革派对"现收现付"的公共养老金制度进行了"休克疗法"，一举将之变为完全积累的私人养老金制度。岁月流转，时过境迁，智利私人养老金虽然也经历了高投资回报率的高光时刻，但最终被低投资回报率拖累，引起了不小的社会震动，智利政府不得不重新审视现收现付制公共养老金制度的地位和作用。智利的教训应深诫之。

一、制度的建立和运行

1981年，皮诺切特执掌智利政权之后，在世界银行等国际组织的鼓动下，在一些奉行美国新自由主义的留学精英主导改革的背景下，智利养老金制度进行了彻底的私有化改革，将公共养老金从现收现付制改为完全基金积累制，并发行以国家财政担保的特别认购债券来消化转轨成本。参保人选择养老金公司（AFP）来运营自己通过缴费积累起来的资金，最终养老金待遇取决于缴费水平、缴费时间和净投资收益率。

事后看来，智利完全私有化养老金制度改革曾经取得过较好的成绩。1981—2002年，智利养老金公司平均投资回报率达到10.7%。高投资回报率意味将来的养老金替代率也会较高。高投资回报率也掩盖了管理费用高、收益率波动大等问题，这些问题在当时没有引起太多的社会关注。但从历史数据看，智利养老金投资回报率却呈现阶梯式下降的态势①：1981—1990 年，平均回报率为 12.5%；1991—2000年，平均回报率为 9.24%；2001—2010 年，平均回报率为 6.74%；2011—2016 年，平均回报率为 3.01%。智利养老金在 2008 年美国次贷危机中也损失惨重，工人们损失了 50% 的储蓄。②

二、所产生的后果

（一）养老金待遇低

目前智利积累制养老金计划的待遇偏低。"历史平均养老金约为72 美元，但目前新领取养老金者的平均养老金只有 25 美元，每天不到 1 美元。女性领取的养老金平均比男性低 22%。平均替代率为20%，但男性的平均替代率为 34%，女性仅为 13%。61% 的养老金低于贫困线，77% 的养老金低于最低工资"③。而如果投资回报率进一步下降，未来的平均养老金替代率将可能比现在还要低。

造成智利平均养老金待遇远不及预期的因素很多，包括扣除管理费用后的净投资回报率的下降④，金融危机造成的养老金骤然大幅缩水，缴费密度（参保人缴费时间占工作时间的比重）低、缴费年限偏短⑤等。就缴费密度而言，兰瑞·皮诺对智利 24 000 个账户样本进行

---

① 杨俊. 智利私有化改革带给我们的不是经验，而是教训. 光明网—理论频道，（2017-07-06）[2023-08-15］. https：//theory. gmw. cn/2017-07/06/content_24996181. htm.
② 数据来源于国际劳工组织 2020 年 11 月 30 日至 12 月 4 日举办养老保险趋势与改革三方圆桌会议材料中，智利工人代表提供的信息。
③ 数据来源于国际劳工组织 2020 年 11 月 30 日至 12 月 4 日举办养老保险趋势与改革三方圆桌会议材料中，智利工人代表提供的信息。
④ 1981—2013 年，储蓄者净回报为实际投资收益的 8.6%，但居高不下的手续费却让同一时期的储蓄者净回报率降至约 3%。资料来源，潘寅茹. 智利养老金如何从典范落得人人诟病. 第一财经日报，2016-09-30.
⑤ 智利积累制养老金体系的设计师皮涅拉当年预计，每个智利员工将至少持续缴费 30年。但智利养老金基金协会（Pension Funds Association）的调查结果显示，智利退休工人中只有 1/4 的人缴费超过 25 年。资料来源，潘寅茹. 智利养老金如何从典范落得人人诟病. 第一财经日报，2016-09-30.

分析的结果表明，男、女性的平均缴费密度分别为 56% 和 48%，并据此预测，男、女性的平均养老金替代率分别为 40% 和 20%。① 缴费密度不仅平均水平低，而且呈不均衡分布。勃赫曼和布拉沃（Behrman and Bravo, 2004）发现有相当数量参保人的缴费密度接近于零，而剩余参保人的缴费密度却接近于 100%。② 智利积累制养老金虽是强制缴费，但女性平均缴费时间不及工作时间的一半，而男性则比 50% 稍多一点，远不及该制度设计时所预期的 80%。另外，从相当数量参保人的缴费密度接近于零的情况看，基金积累制养老金计划所谓的激励功能并没有在这些人身上产生作用，可能出于收入的窘迫、当期生活支出的刚性及应对不确定性的需要等更重要的原因，这些人没有参加基金积累制养老金计划，尽管它是强制性的，人们却并不遵守，反而向生活的其他方面妥协。

（二）整体覆盖面窄，非正规就业人员尤其低

智利积累制养老金计划虽是强制性的，但其覆盖率（每季度平均缴费人数占劳动者总人数的比重）却比较低：1995 年到 2000 年平均为 45%，2001 年到 2008 年平均为 47%，2009 年到 2016 年平均为 56%。③ 由于该计划仅强制正式雇员参保缴费，这导致非正规就业人员的参保率极低。2007 年，智利自雇人数 180 万人，参加积累制养老金计划的人数仅 6 000 人，占比 3.3‰。自雇人数占劳动力总人数的 27%，但参加积累制养老金计划的人数仅占总参加人数的 1.6%。④ 从 2012 年起，智利开始强制那些缴纳收入所得税的自雇者参加该计划，

---

① OECD: Pension Reform in Chile Revisited: What Has Been Learned?, OECD Social, Employment and Migration Working Papers, No. 86, p. 31.

② OECD: Pension Reform in Chile Revisited: What Has Been Learned?, OECD Social, Employment and Migration Working Papers, No. 86, p. 31.

③ 杨俊. 智利私有化改革带给我们的不是经验，而是教训. 光明网—理论频道，(2017-07-16) [2023-08-15]. https://theory.gmw.cn/2017-07/06/content_24996181.htm.

④ OECD: Pension Reform in Chile Revisited: What Has Been Learned?, OECD Social, Employment and Migration Working Papers, No. 86, p. 31.

其余自雇者仍是自愿参加。自雇者除了要缴纳 10% 的养老保险费、管理费及残疾和生存保险费，还要缴纳医疗保险、工伤及职业病保险费，总费率达到 20%，缴费负担较高。于是自雇者通过各种方式逃避缴纳社会保险费，而政府对此的监管能力却有限。另外，对自雇者而言，非缴费型的第一支柱（团结支柱）已经提供了一定的保障，因此参加积累制养老金计划的意愿不足。可以预见，就业人员当中，随着非正规就业人员尤其是新业态从业人员占比的增加，智利积累制养老金计划的覆盖率可能进一步降低。

第五章　中国发展私人养老金制度面临的挑战

世界银行积极推行多支柱养老金制度体系，分为现收现付制公共养老金制度和完全积累制私人养老金制度两大类。很多国家都采用了世界银行的做法。当前中国也正在加强多层次养老保险制度体系建设，努力实现基本养老保险、企业（职业）年金、个人养老金之间的协调发展和结构优化。

前文已述，世界范围内养老金制度体系改革的趋势是扩大私人养老金计划。如此调整养老金制度结构的纯经济理性基础是，私人养老金能够获得较高的投资回报率。从前文对"艾伦条件"的分析不难看出，现收现付制与基金积累制本质上都是通过对在职人员的养老保险缴费进行计息来计算养老金待遇，只不过前者的计息方法是按人口增长率（准确地说是就业人口增长率）与工资增长率之和，而后者的计息方法是按真实的市场投资回报率，二者的养老金待遇差距仅仅是由于计息方法不同造成的（这里不考虑对长寿风险的态度，通常公共养老金制度承担长寿风险，而私人养老金制度不承担长寿风险）。当人口增长率与工资增长率之和大于市场投资回报率之时，实行现收现付制比基金积累制更能实现养老保险的帕累托改进。

这里的市场投资回报率是宏观意义上的，表现为各类投资活动的平均投资回报率，现实中这样的数据很难得到，但可以通过市场利率来观察，因为本质上市场利率是由资本回报率决定的，市场利率变化能够反映市场投资回报率变化。资本回报率越高，能够支撑的市场利率越高；资本回报率越低，能支撑的市场利率水平也会越低。

那么市场投资回报率是如何变化的，未来的趋势又如何？与工资增长率相比又是否具有优势？只有理清这些问题，才能明晰养老金制度结构调整的方向是否符合经济原则。

第一节　市场投资回报率变化趋势

市场投资回报率可以通过市场利率变化来反映，而市场利率也是各种利率的综合表现，通常选择长期利率作代表（一般用10年期国债名义收益率来表示）。长期利率又称长期无风险收益率，是权益类资产的定价基准。由于"套利"机会激励之下的资本在"连通器"式的投资市场中的自由流动，长期利率变化能够反映整体的市场投资回报率变化。

一、国外长期利率变化

过去40多年很多发达国家长期利率大致呈下降趋势。从法国、日本、荷兰、英国、美国等国家的情况看，长期利率从20世纪七八十年代的两位数下降到2019年低于2%的水平，其中日本、德国2019年长期利率为负值。① 其他长期利率，如美国 10 年期互换利率（US interest rate swap），以及欧元区、日本、英国、美国 AA 级 10 年期企业债券利率也都呈下降趋势（参见图 5-1）。多种数据表明，市场利率持续下降，目前已经降到一个较低的水平。长期利率低反映出经济活动的一些特征，如低通胀率和低投资回报率。

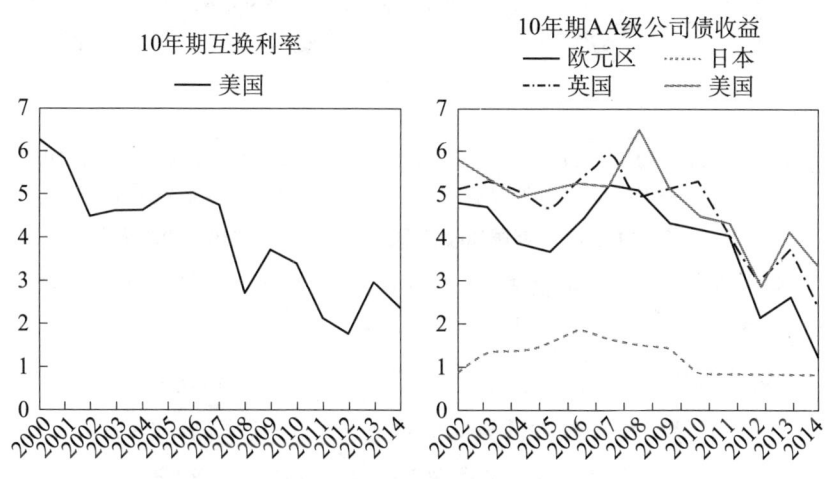

图 5-1 其他长期利率变化趋势（2000—2014 年）

资料来源：OECD Business and Finance Outlook 2015.

二、国内长期利率变化

国内长期利率也面临下行压力。2010—2020 年，10 年期国债收益率呈周期性波动，利率中枢稍有下移。收益率最高点是 2013 年的 4.72%，2016 年中和 2020 年上半年收益率比较低，分别为 2.64% 和 2.48%。② 随着中国金融对外开放水平的提升，国债利率越来越多地

---

① 资料来源：OECD 统计网站。
② 资料来源：张敬国，刘怡. 中国利率走势变化分析. 澎湃号—中国金融 40 人论坛，(2020-12-02)[2023-08-19]. https://www.thepaper.cn/newsDetail_forward_10221481.

受到国际金融市场的影响。例如2010—2020年,中美国债利率的走势大多数时间较为一致(参见图5-2)。

图5-2 中美10年期国债收益率走势对比图(2010—2020年)

资料来源:张敬国,刘怡.中国利率走势变化分析.澎湃号—中国金融40人论坛,https://www.thepaper.cn/newsDetail_forward_10221481.

从长期利率与经济增长率、工资增长率的对比情况看,尽管工资增长率呈下降趋势,但大部分时间都是工资增长率高于经济增长率、经济增长率高于长期利率(参见图5-3)。只是在2020年,经济增长率低至2.3%,才略低于长期利率,但工资增长率仍高于长期利率。

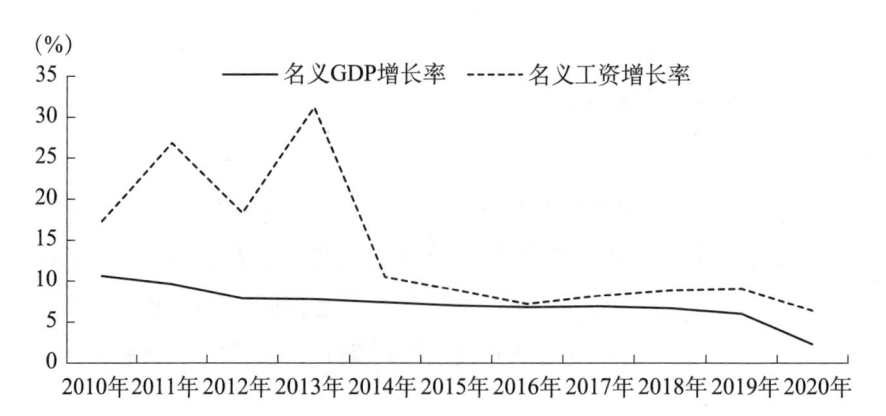

图5-3 中国经济增长和工资增长情况(2010—2020年)

资料来源:国家统计局网站。

第二节　市场投资回报率下行的原因

市场利率下行能够反映市场投资回报率下降，同时也对未来市场投资回报率产生影响。而市场投资回报率下行是 GDP 增长率下降、资本边际收益递减、人口老龄化、宏观经济波动等因素交互作用的结果。

一、经济增长率下降

受人口老龄化、经济结构供需矛盾加深、全要素生产率下降、经济增长基数扩大等因素影响，全球主要经济体 GDP 增速放缓。我国经济也从高速增长转入中高速增长，未来潜在经济增长率还将进一步下降。[1] 经济增长率下降带来宏观投资回报率和市场利率下行。上述影响因素当中，由于人口老龄化与本书的关系最为密切，故这里仅分析人口老龄化的影响。

从经济资源的投入产出效率看，整体上劳动力人口是"生产性"的，投入产出比较高；而老年人口是"消耗性"的，投入产出比较低。在达到一定年龄之后的老年人，基本上只消耗经济资源而无任何产出，也就是投入产出比近乎为零。而且面对新技术、新环境的挑战，人随着年龄的增加，其体力的下降决定其在知识结构更新、新技能学习、熟悉新环境等方面比较缓慢，甚至难以适应。这意味着同样的经济资源投入，人口老龄化程度高的社会的潜在经济增长率比较低。

这方面的实证研究较多。如麦斯特、穆伦和保罗（Maestas &

---

[1] 如中国社会科学院宏观经济研究中心课题组测算结果显示，我国经济的潜在增长率将从"十四五"时期的 5.5% 下降至 2035 年的 4.2%。转引自杨志锦. 深度解读：利率为何而降. 21 世纪经济报道，2022-09-29。

Mullen & Powell)[①]对美国 1980—2010 年的人口数据与经济数据进行分析，结果发现：60 岁以上人口每增长 10%，美国人均 GDP 增速就会下降 5.5 个百分点，其中 2/3 的下降源自劳动人口老化导致的劳动生产率下降。

尽管可以通过科技进步来提高劳动生产率，缓解劳动力不足对经济增长的制约，但如果劳动生产率提高的速度低于人口老龄化的速度，人均 GDP 的增速也会下降，从而带动资本回报率和市场利率下行。

一些实证研究也表明人口老龄化将推动长期利率趋势性下降。如 1980 年代以来日本实际利率的下降，以及 1985—2030 年欧元区自然利率下行的重要原因都是人口老龄化。[②]

二、资本边际收益递减

从全社会看，随着投资的日积月累，扣除折旧之后，资本形成的规模呈上升趋势。资本要素相对于劳动要素越来越丰富，在技术不变的情况下，资本边际收益呈递减趋势。凯恩斯给出了资本边际收益递减的两大原因：

首先，资本品的供给价格会由于投资的不断增加而上升，即使在产品和服务的预期收益不变的情况下，投资的预期收益率（即资本边际收益）也会下降。

其次，产品和服务的预期收益也会下降。原因在于，投资的不断增加会使全社会的产品和服务的数量增加，在社会需求规模不变或增

---

① Nicole Maestas, Kathleen J. Mullen, and David Powell, The effect of population aging on economic growth, the labor force and productivity, The RAND Corporation, Santa Monica, Calif, 2016.

② 张文达，郭于玮，鲁政委. 人口老龄化对经济的影响：总量与结构. 中国首席经济学家论坛，(2021-09-02) [2022-10-08]. http：//www.chinacef.cn/#/council_figure?id=12864&c=2024-04-17&u=0000-00-00&exp=21.

速低于社会供给的增速时，产品和服务的价格会下降，预期收益也跟着下降。

在上述两个因素共同作用下，资本边际收益随着资本的增加而呈递减趋势。以中国为例，资本边际收益在2010年之后也呈下降趋势，反映在增量资本产出比（资本边际收益的倒数，ICOR）的上升，2006年之前为3～4，2021年上升到8左右，增量资本边际收益下降了50%。[1]

关于市场投资回报率（即自然利率）与经济增长率的关系，根据经济增长理论，当经济实现消费最大化和"黄金储蓄率"时，市场投资回报率等于经济增长率（等于人口增长率与技术进步率之和）。

三、宏观经济波动[2]

前文分析，未来市场投资回报率大概率呈下行趋势，但如果市场投资回报率高于工资增长率，对于养老金制度结构性调整而言，扩大私人养老金计划无疑是有利的。而从最根本上看，工资增长率和市场投资回报率都受到宏观经济波动及政策应对的影响。因此，我们需要从分析判断未来宏观经济波动的趋势中获得一些线索。

历史上，许多著名的经济学家从不同视角来解释经济波动，包括凯恩斯的有效需求不足理论、弗里德曼的货币扩张与收缩理论、哈耶克的生产链条扩张与收缩理论、萨缪尔森的乘数效应与加速原理、熊彼特的创造性破坏理论等等。这些理论都具有一定的解释力，但都是

---

[1] 数据来源：高善文. A股永远年轻！未来5—10年不正常的利率上升将会终结. 澎湃网，(2021-06-23) [2022-08-19]. https: //m.thepaper.cn/baijiahao_13264869.

[2] 此部分内容参见张兴. 未来经济走势与养老保险制度模式的选择. 中国劳动保障报，2019-03-22.

在资本主义经济制度框架下分析供给与需求的矛盾，并不质疑资本主义经济制度本身。比较而言，马克思对经济危机的解释直指资本主义经济制度本身，认为经济危机的根源在于"生产社会化与生产资料资本主义私人占有之间的矛盾"，当资本主义生产关系容纳不了它所创造的生产力时，必须以经济危机的方式约束生产力的发展；生产力与生产关系的矛盾激化又调和，再激化再调和，矛盾日益尖锐，终至无法调和的地步。显然，马克思的解释是历史唯物主义式的，更具有历史穿透力。经济周期的演变正在按马克思所预想的方式发展。

对于经济周期，笔者将分析的起点选在2008年美国次贷危机。此次危机较以往存在明显不同。

从20世纪80年代中期到美国次贷危机之前，受技术进步、资本深化、市场机制等因素的影响，全球范围内劳动收入份额呈下降态势。如果将GDP增长率分解为劳动收入增长率和资本收入增长率两个部分，这表明在此期间劳动收入增长率低于经济增长率。世界性的劳动收入不足造成世界性的商品过剩。各个国家、地区为克服内需不足、刺激经济增长，竞相向国外输出商品，在有限的国际市场中展开激烈竞争。在商品质量相同或相近的情况下，提高本国、本地区商品出口竞争力的手段就是压低商品的成本和价格。可采用的方法主要有两种：一是降低用工成本，这直接抑制劳动者收入的增长幅度；二是采用先进的生产技术和设备来提高劳动生产率。然而，在技术、资本、人才等生产要素全球化的浪潮中，越来越多的国家以越来越快的速度加入技术进步的行列，面对由劳动收入不足决定的需求有限的国际市场，各国陷入"内卷"的泥淖，全球性的生产效率越高，全球性的价格竞争就越激烈，最终会导致全球性的用工需求下降。这两种应对方式都会导致全球性的劳动者收入占比进一步下降。面对日益扩大的全球性商品生产能力和规模，全球性需求更加不足，世界经济由此进入向下的累积性循环，全球市场持续萎缩，供需矛盾日益尖锐终至不可调和之地步，最终以经济危机的方式来破坏生产力的发展。美国次贷危机的表象看起来是金融创新过度和金融监管不力引发的金融危机，但本质上是经济供需结构失衡引发的经济危机，美国政府试图利用金融创新工具来缓和经济矛盾，反而造成了巨大的金融危机，也使经济矛盾更加尖锐。由于经济全球化以及美国经济、军事、货币的全球影响力，美国次贷危机最终演变成世界性的经济危机。

那么面对世界性的经济危机，各国又是如何应对的呢，对劳动收入增长率和投资回报率又会产生何种影响呢？本书尝试从中期和长期两个时段展开分析。

中期来看，为了应对全球经济危机对商品出口的不利影响，许多国家开始通过扩大内需来消化过剩的商品和生产能力，主要方法是扩大政府支出，增加就业（典型如美国的制造业回归计划），改善收入分配结构，加大财政转移支付和社会保障投入等，以此来提高劳动者收入、促进消费。这些措施取得了明显的效果，表现为美国次贷危机之后，全球范围内劳动收入份额总体呈上升趋势。同时，为刺激本国经济增长，各国竞相采用量化宽松货币政策，欧洲央行及瑞士、瑞典、丹麦等少数欧洲国家甚至出现银行存款"负利率"，以此来刺激投资与消费。"负利率"已经超出"流动性陷阱"隐含的利率不能为负的假设，显示经济低迷，也表明真实的市场投资回报率在低位徘徊。美国次贷危机爆发至今已经十几年了，但世界经济仍未彻底走出低迷。那么，市场利率有没有可能短期上升呢？

确实有可能。比如，为了应对供给冲击带来的通货膨胀压力，欧洲国家自2022年开始提高金融利率，或者即使不想提高金融利率，但面对美联储加息的举动，欧洲国家担心资本外流和汇率波动，也不得不被动地加息。但如此一来，给本就已经低迷的经济雪上加霜，抑制投资和消费。因此，紧缩性的货币政策是无奈的应急措施，长期执行该政策会加剧经济衰退的风险。

因此,这些国家迟早会降息,回到量化宽松的货币政策上来。但量化宽松的货币政策总有用尽的时候,届时利率维持在较低水平甚至是"负利率",经济陷入"流动性陷阱"。要使经济走出泥潭,最根本的还是要靠改善收入分配结构,提高劳动收入增长率。

长期来看,经济形势将变得更加复杂,但基本结论可能不会有大的改变。对于企业而言,劳动者收入的快速增长意味着生产成本的快速上升,而在一个不断"内卷"的国内外市场环境中,市场竞争日趋激烈,商品价格不断承受着向下的压力,二者共同挤压企业的利润空间。为了能够生存下来,企业时刻在寻找既能降低人工成本又能提高生产效率的方法,因为在量化宽松的货币政策环境中,资金成本已然很低,相比之下,包括工资、社保等在内的,具有"刚性"特征的人工成本却占企业生产成本的较大比例。资本逐利的本性,决定了只要技术上和经济上可行,它将不断地用便宜的"机器"去替代昂贵的人。而以信息技术为标志的第三次技术革命正在将企业的"理想"变成现实。当前人工智能、互联网、物联网、云计算、5G 等技术日新月异地向前发展,生产的信息化、智能化、自动化水平不断提高。第三次技术革命与前两次技术革命最本质的区别在于,它正在替代人的脑力劳动,使社会生产活动绕开人的劳动成为可能。各国陆续推出的智能制造计划表明这种情况将首先会发生在工业领域,但它很快将向生产性服务业和生活性服务业蔓延。而在经济全球化的今天,各个国家的企业迫于"内卷"的压力都不会放慢技术进步的步伐,因为落后就意味着被淘汰。随着越来越多的行业和企业实施"机器换人",尽管生产效率会提高,但其与劳动者收入之间的关系越来越小,原因在于:其一,在一个"内卷"的市场中,"机器换人"的目的是为了降低人工成本(或者压低工资水平,或者减少用工人数)、提高利润,否则企业不会采取行动;其二,"机器换人"会挤出就业,失业者或者进入较低收入的行业,或者从正规就业变成非正规就业,就业质量下降会导致工作收入下降。在这两个因素的共同作用下,劳动收入占 GDP 的比重将会下降，社会供需之间的矛盾逐步加深，最终导致经济危机。如果政府不加干预，技术进步的速度越快，上述过程进行得就越快，经济危机发生的频率就越高，持续时间就越长，破坏性就越大，对金融市场的冲击也越大，对资本回报率的影响也越大。显然，政府对此不能坐视不理。为了缓解供需矛盾，政府将不得不节制资本收入、增加就业、提高劳动者收入。

从资产回报率与经济增长率的实际情况来看，有研究表明，过去近30年时间，由于全球性经济危机的影响，而且资产回报率比经济增长率对经济危机更敏感，"金砖国家"、美国、日本的资产回报率普遍低于经济增长率[1]（参见表5-1）。

表5-1 部分国家资产回报率与经济增长率比较   单位：%

国家	安全回报率	风险回报率	资产回报率	经济增长率
中国	1.79	5.45	3.1	9.13
巴西	0.68	0.64	0.51	2.4
印度	0.38	0.09	0.09	6.99
俄罗斯	−0.14	0.53	0.18	3.87
南非	0.29	−0.47	−0.12	2
美国	0.4	1.69	0.05	2.68
日本	1.62	−11.47	−4.83	1.65

资料来源：魏玮，张兵. 中国投资回报率的国际比较及启示. 企业经济，2020（10）：119。
注：安全回报率是一年期存款回报率与国债利率的算术平均；风险回报率是股票回报率与房产回报率的算术平均。需要说明的是各类资产的时间跨度并不相同。一年期存款、国债、股票、房产的时间跨度，在中国分别为：1985—2016，1997—2018，1990—2017，2007—2016；在美国分别为：1981—2018，1981—2018，1981—2018，2000—2016；在日本分别为：1981—2018，1986—2018，1998—2018，1999—2017。

综上分析，在政府应对经济危机的过程中，劳动收入增长率有上升趋势，而市场投资回报率有下行压力。对于养老保险制度的选择而言，二者关系的这种变化有利于现收现付制而不利于基金积累制。这对于中国养老保险制度结构调整更有意义。长期以来，中国的工资增

---

[1] 魏玮，张兵. 中国投资回报率的国际比较及启示. 企业经济，2020（10）：111。

长率高于企业年金投资回报率。依据上述对两个变量变化趋势的分析，再加上中国特色社会主义制度的本质属性、中国式现代化进程中共同富裕的内在要求，未来工资增长率可能要经常性地高于投资回报率，因此现收现付式养老金制度仍具有优势。

四、政府债务负债率的约束

为应对经济危机或经济下行压力，各国政府所运用的宏观调控手段主要是积极的财政政策和宽松的货币政策，这两种政策工具经常配合使用。

积极的财政政策需要扩大政府支出。尽管经济下行期间财政收入预算和支出预算的增幅都会下降，但由于财政往往会采取刺激经济的"逆周期"操作，即一方面，在收入端通过减税降费以降低经济运行成本、激发经济主体活力；另一方面，在支出端加大政府投资力度、增加转移支付规模、扩大民生保障支出等，造成财政赤字。于是财政赤字率总体呈上升趋势，从2008年的0.4%上升到2021年的3.83%，其中2019年、2020年分别高达4.91%和6.19%（参见图5-4）。

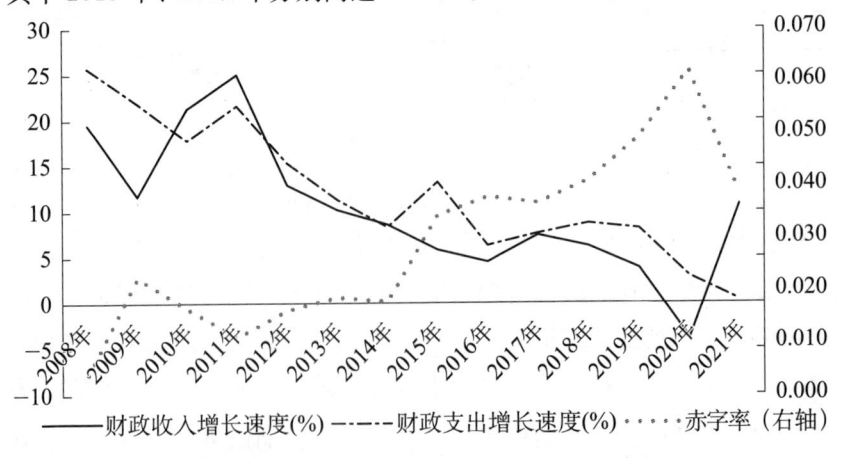

图5-4 中国财政收支状况（2008—2021年）

数据来源：国家统计局网站。

为应对财政开支，中国政府需要发行债券来筹资，政府债务负债率（政府债务余额/GDP）呈不断上升态势，从 2014 年的 16.67% 增长到 2021 年的 46.58%，平均增幅为 15.81%（参见图 5-5）。政府债务负债率正逐渐接近国际警戒线（60%）的水平。

图 5-5　中国政府债务负债率变化情况

资料来源：根据国家统计局网站和人民银行网站提供的数据计算得到。

而且，在政府债务内部，地方政府债务规模增长快于中央政府债务规模，从 2004 年的 1.16 万亿元增长到 2021 年的 25.20 万亿元，占政府债务余额的比重从 10.83% 上升到 54.68%（参见图 5-6）。但这些仅仅是地方政府的"显性债务"。除此之外，地方政府还有规模庞大的隐性债务。[1]

关于隐性债务规模的估计，国内外很多机构做过测算，由于统计口径、测算方法等不同，测算结果存在较大差异[2]：2017—2018 年间的地方政府隐性债务规模介于 10 万亿到 50 万亿元之间，其中多数测算结果集

---

[1] "地方政府隐性债务"在 2017 年 7 月 24 日召开的政治局会议上首次被提及，是指不在政府年度债务预算管理范围内，不以地方政府债务形式出现，但地方政府可能需要负责偿还的债务。

[2] 李湛，王静瑶. 如何看待地方政府隐性债务规模？首席经济学家论坛. http://www.chinacef.cn/index.php/index/article/article_id/5744。

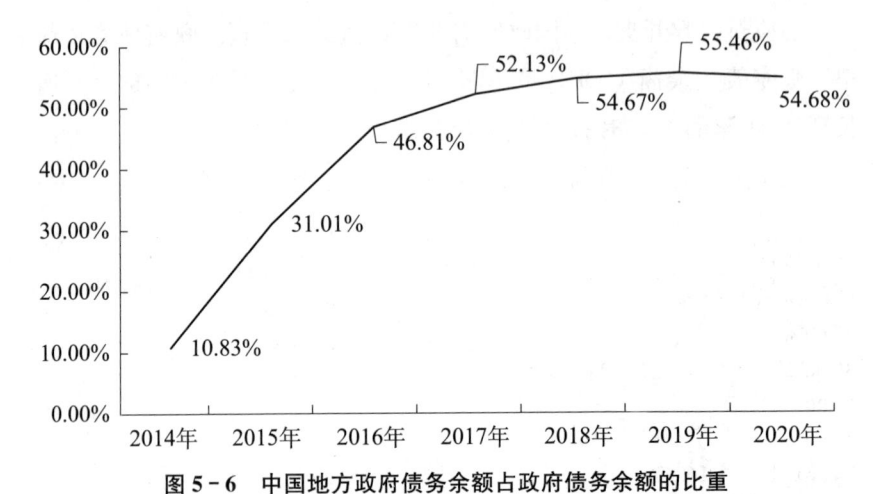

图 5-6 中国地方政府债务余额占政府债务余额的比重

资料来源：根据国家统计局网站和人民银行网站提供的数据计算得到。

中在30万亿到40万亿元之间。地方政府隐性债务风险成为系统性风险的组成部分。

由于政府债务已经在高位运行，进一步扩大的空间有限，这就制约了国家对积极财政政策工具的使用。那么，面对经济下行的挑战，国家就需要更多地使用货币政策工具，将长期利率维持在较低的水平，这也有助于减轻政府的偿债负担。因此，中国有可能进入低利率时代。这会抑制整个投资市场的回报率，对固定收益类资产配置比重较高的养老保险基金的影响尤其明显。

第三节　中国资本市场的特点及对投资的影响

中国金融机构及主管部门一直是发展养老金二、三支柱的积极推动者。例如个人税收递延型商业养老保险试点的发起者是银行、保险监管部门，而不是设计制度和制定政策的人社部门。在金融部门看来，基金积累制养老金制度具有调节社会储蓄结构、促进资本市场发展的工具价值。这种观点在公开场合被反复表达。例如在博鳌亚洲论坛2021年年会分论坛上，中国人民银行有关人士就作了简练的因果诠释："中国大量储蓄集中在银行和房地产，结构不够健康，之所以要推动积累型养老金，是为了优化现有储蓄结构。"① 美国资本市场得益于积累型养老金的说法在中国几成共识，发展积累型养老金以促进资本市场发展在中国也几成信条。那么，信条成为现实会一帆风顺吗？

一、储蓄的分布结构

中国目前有大量储蓄是事实，但弄清储蓄的分布，即储蓄在谁的手里很重要。从居民储蓄的总量看，与国外某些发达国家相比，中国居民储蓄率尽管呈下降态势，但仍处于较高水平。

从居民储蓄的结构看，其在人群之中的分布是不均衡的。人均可支配收入较低的家庭的储蓄是非常少的，而大量储蓄是由中高收入家庭贡献的，这是由收入分配结构失衡引起的。中国家庭收入调查数据库（CHIP）2018年发布的调查数据显示，中国家庭人均可支配月收入在500元~1 500元的，占比约40.71%，而当年全国居民月人均可支配收入为2 352元。

因此，如果真要调整居民的储蓄结构，其实是调整中高收入者的储蓄结构，通过税收激励的方式让他们将银行存款转化为养老储蓄。那么，这就面临一个问题：中国发展补充养老保险的初衷是什么，换言之，究竟是要解决什么样人的什么问题？这里不能笼统地说是为了弥补人们基本养老金的不足，因为与中高收入者相比，由缴费水平决定的中低收入者的基本养老金更加不足，但他们却没有多余的钱来进行养老储蓄，货币的当期效用和价值对他们而言无疑是很大的。有意

---

① 李波. 中国资本市场波动偏大原因是缺少长钱. 证券时报网，（2021 - 04 - 21）[2023 - 08 - 19]. https://wap.stcn.com/zqsbapp/yw/202104/t20210421_3079599.html.

愿和能力参加补充养老保险的多是中高收入者，他们也是国家税收补贴的主要对象。这事实上会形成财政的"逆向补贴"，有违公共财政使用的公平正义原则。而这些税收补贴本可以资助低收入者参加社会养老保险计划。

另外，中国大量居民的储蓄为什么集中在银行和房地产？是他们不理性吗？直观判断，在银行有储蓄、能够投资房地产的居民多数是精于计算的，他们的资产配置方式是基于对各种投资方式和投资机会的成本、风险和收益的考虑来作出的，对他们而言很可能是最优的。现在有人站出来说，请参加积累型养老金计划吧，让专业的金融机构来帮助你投资理财。难道人们之前一直在忽视金融机构的专业力量吗？显然不是，市场一直在展现金融机构的作为，人们会不断修正自己对金融机构的判断，从而自由地选择或拒绝，人们呈现的资产配置状态是选择的结果，而不是选择的开始。

二、中国资本市场缺"资本"还是缺"资产"

有人会说，通过建立储蓄型养老金计划可以为资本市场提供长期资金，有利于促进经济增长、增加就业、提高国民收入和投资回报率，从而实现多赢的"帕累托改进"，因此是符合经济理性的。这在逻辑上是成立的，但逻辑变成现实需要各环节的精密配合，即中国资本市场真的是缺资本，而且资本市场能够很好地服务于"有就业"的实体经济增长，经济增长成果分配倾向于劳动而非资本，而且劳动收入的分配日趋均衡。但我们需要在现实当中追问逻辑起点是否成立，即中国资本市场真的缺资本吗？

（一）上市公司现状

一个国家或地区，上市公司（企业）的质量是资本市场的基石。一个缺乏发现和培育高质量上市公司（企业）能力的资本市场最终将沦为遍布投机者的赌场。

那么中国股票市场中上市公司的质量如何呢？用普遍使用的投资资本收益率（ROIC）[①]指标来衡量，1998年至2018年，A股市场上市公司平均投资资本收益率只有3%~4%，简单地算术平均结果是3%，加权之后是4%。而同期美国的平均值是10%甚至更高。[②] 这意味着，如果采用A股股指的指数化投资策略并长期持有，那么此20年间的平均投资回报率仅为4%左右，与银行存款利率并无明显的差别。

中国也有成长性好的企业，如百度、阿里、腾讯、京东、美团、网易等企业。但这类好企业的数量偏少，而且其中不少是选择海外上市或香港上市。如百度、阿里巴巴、京东、新浪、网易、携程等。截至2020年12月，中国互联网上市企业在境内外的总市值达16.80万亿人民币，其中海外上市企业市值占96%，在沪深两市上市的企业市值只占4%。[③] 主要原因是这些企业的盈利、现金流等财务指标以及对企业控制权的诉求不符合中国资本市场的上市要求。而美国的纳斯达克采用注册制，允许当前亏损但未来有较高成长性甚至是颠覆性的企业上市[④]，承认AB股权结构等。其中最重要的因素是纳斯达克对拟上市企业的包容性，即不强求短期盈利，更关注长期增长潜力，换言

[①] ROIC=$\frac{\text{EBIT}(1-T)}{\text{IC}}$，其中，EBIT为息税前收益；IC为投入资本，包括权益资本和各种有息负债。

[②] 刘俏．注册制是中国资本市场供给侧结构性改革最关键的一步．新浪专栏，（2020-07-06）[2022-06-16]．http://finance.sina.com.cn/zl/china/2020-07-06/zl-iirczymm0704754.shtml．

[③] 中国互联网络信息中心（CNNIC）发布的第47次《中国互联网络发展状况统计报告》。

[④] 可喜的是，目前中国资本市场正在进行注册制改革，也开始探索亏损企业上市的问题，这些将为资本市场带来新的活力。美国之所以欢迎中国互联网企业赴美上市，很大程度上是看重这些企业的中国身份，背后是中国超大的市场规模和强劲的经济增长动力。与其让外国投资者分享中国经济成长的红利，不如将这些红利尽可能地留给中国的投资者，将资本交易形成的税收留给中国政府，这需要中国资本市场改革创新，需要中国政府的胆略和气魄。

之，不急于分小蛋糕，而是将来吃大蛋糕，每年登陆该市场进行 IPO 的亏损企业比例由原来的 20% 增长到目前的 80% 左右。这考验的是政府、监管机构、投资者的胆量、魄力、耐心。

(二)"资产荒"

中国较为典型的"资产荒"出现在 2014 年至 2016 年上半年和 2018 年下半年至 2019 年，表现为社会上资金充裕，却找不到合适的资产可以投资。"资产荒"是供需两侧同时作用的结果。

从需求侧来看，流动性充裕形成对资产的强大需求。自 2008 年美国发生次贷危机以来，世界没有走出量化宽松货币政策的阴影，一轮又一轮的货币超发，配以积极的财政政策，政府债务规模上升和流动性充裕是全球现象。中国也不例外。从政府债务规模来看，2014 年至 2021 年，中国政府债务余额从 107 275 亿元增长到 532 744 亿元，年均增长 25.7%。[①] 从流动性来看，2008 年至 2021 年，M2 供应量从 47.5 万亿元增长到 238.3 万亿元，年均增长 13.2%，超过同期的年均 GDP 增长率 2.9 个百分点。企业、居民、金融机构手中有大量资金可供使用，对各类资产形成较强的投资需求。

从供给侧来看，为应对"三期叠加"(经济增速换档期、结构调整阵痛期、前期刺激政策消化期)下经济下行压力，政府不断降息降准来减轻企业资金成本，市场利率低位运行，债券类投资品种吸引力下降。在股票市场上，投资者心中真正有投资价值的股票集中在少数行业的少数上市公司，大量资金的涌入，使这些原本有投资价值的股票逐渐脱离企业的成长性，变得投机色彩越来越浓厚。在实体经济领域，受供需结构性矛盾、国内外政治经济环境，尤其是美国全方位遏制中国战略的影响，实体经济遭遇强烈冲击，企业利润率下降，而且科学技术上也没有大的突破来制造新的投资机会，企业融资需求不足，造

---

① 根据中国人民银行网站"金融市场统计"提供的数据计算得到。

成金融资产供给不足。总之，市场利率低位运行，反映和决定了国民经济能够提供的投资回报率有限，与以往经历过的高投资回报率时期形成鲜明的对比。当投资者仍执着于追求高投资回报率的时候，就会发现符合预期的无风险、低风险资产变少了，同时又很忌惮股票市场的泡沫。预期与现实的矛盾在投资者心中产生强烈的反差，"资产荒"正是这种反差的社会情绪表达。

可用宏观经济指标来验证"资产荒"。M2、M1、M0 的不同增速可以反映"资产荒"的情形。2008 年至 2021 年，M1 供应量从 16.6 万亿元增长到 64.7 万亿元，年均增长 11.0%；M0 供应量从 3.4 万亿元增长到 9.1 万亿元，年均增长 7.8%。① M2、M1、M0 增速依次递减，这表明从当时的情形看，企业和居民认为未来缺乏合适的投资机会，倾向于将多数资金以定期存款的形式存放银行，导致多余的资金从实体经济中沉淀下来。存款形成银行的负债，银行必须把储蓄变成资产来获利。由于企业融资需求不足，银行就得把资金交给专业机构进行投资，股票似乎是唯一的选择。这可以部分地解释为什么股市与经济基本面经常背离，它隐藏着"资产荒"的影子。

"资产荒"不是偶然事件。只要市场利率低位运行，国际政治经济环境无明显改善，而且经济领域没有因科技进步形成新的系统性的投资机会，"资产荒"很可能会长期存在。这对于以追求安全为首要原则的养老金投资是极为不利的。

三、私人养老金能扮演长期投资者的角色吗？

社会上普遍认为中国资本市场并不缺少资金，但缺乏坚持做长期投资的"长钱"，于是将希望寄托于养老金，特别是寄托在企业年

---

① 根据国家统计局网站提供的数据计算得到。

金、个人养老金身上,这也是那些呼吁发展积累制养老金的人们最重要的理由之一。然而,企业年金、个人养老金能担负起这份责任吗?

(一)投资现状

当前企业年金投资的短期化、保守型投资现象明显,投资绩效不显著。

通常,参加企业年金计划的年轻职工,从开始缴费至领取年金待遇有长达 30 年至 40 年的时间,其间缴费所形成的资金封闭运行,是天然的长期投资资金。但在实际当中,大量企业年金的投资管理合同期限都不超过 3 年,其中不少合同期限为 1 年。相对于合同期限,委托人设置的考核期限更短,多为 1 年、半年甚至更短,并将考核结果和资金分配挂钩。在市场波动比较大的时期,委托人频繁地约谈受托人或投管人。迫于压力,投管人竞相追求短期业绩排名以博取委托人的青睐,只能在市场上随波逐流,丧失专业决断力,难以制定和实施长期投资策略。

从投资风格看,年金基金投资偏保守。《企业年金基金管理办法》(人社部令第 11 号)为权益类投资设置的比例为 30%,即"投资股票等权益类产品以及股票基金、混合基金、投资联结保险产品(股票投资比例高于或者等于 30%)的比例,不得高于投资组合企业年金基金财产净值的 30%"。但从实际的大类资产配置看,许多企业年金计划的固定收益类产品占绝对比重,权益类资产配置比例不超过 10%。[①] 2022 年末,我国企业年金和职业年金积累额达 4.98 万亿元。按 10% 的权益类资产投资比例估算,是年我国企业年金、职业年金权益类投资的总规模不足 5 000 亿元。

---

① 潘东. 协同养老第三支柱与资本市场发展. 中国金融,2023(4):83.

从投资收益看，2007—2022 年，我国企业年金历年投资收益率的几何平均为 6.58%。但若扣除 2007 年 41% 的超高收益率，2008—2022 年历年投资收益率的几何平均为 4.32%（参见图 5-7）。而同期央行三年定期存款基准利率最高为 5%（2011 年），最低为 2.75%（2015 年至今），与之相比企业年金的投资绩效并不显著。

图 5-7　我国企业年金历年投资收益率（2007—2022 年）

资料来源：人社部网站。

其实这里有一个如何正确认识养老金投资的收益性与安全性问题。[1] 养老金投资运营通常遵循三原则，即安全性、流动性和收益性。过于保守的投资策略过分强调安全性，目的是确保参保人的"养命钱"不至于打了水漂；流动性次之，保持现金流充裕，确保养老金及时发放；收益性再次之，在保证前面两者的基础上，才考虑投资效率问题。这种投资策略显然没有兼顾安全性与收益性的适度平衡。

首先，过分强调安全性未必能够"真安全"。绝大多数私人养老金基金用于购买银行存款、固定收益类债券，看似安全，在低利息和通胀因素的双重影响下，虽然企业年金基金收益的绝对额在增长，但真

---

[1] 张兴.拓宽养老保险基金投资渠道的途径.中国劳动保障报，2013-11-05.

实购买力却可能会下降，基金实际上是不安全的。

其次，追求收益性未必一定引发高风险。私人养老金基金投资运营不能也不必要消灭风险，只要综合性分析判断宏观经济、产业结构、行业企业、金融产品及衍生品，制定合宜的投资战略及战术，将风险控制在合理的范围之内，就可以在此基础上追求尽可能高的收益率，以战胜CPI甚至是工资增长率。如此，即使面对一定的风险，基金也是安全的；即使短期内出现收益波动的现象，长期内基金也是安全的。

因此，没有安全性的底线，一味追求高收益，过大的投资风险最终会损害基金的收益性。同样，没有收益性作支撑，过分强调安全性，基金也未必真安全。对于私人养老金投资而言，"天下没有免费的午餐"，安全性好且收益率高的资产是极度稀缺的，需要在长期的投资实践中逐步掌握平衡收益性与安全性的投资艺术。

（二）原因分析

偏保守的金融机构和养老金产品不是个别的，而是普遍的，这说明背后有深层次的、可以产生广泛影响的因素存在。对于影响因素的分析可从各个维度、各个层面展开。笔者认为可以从宏观层面的经济结构、中观层面的资本市场结构和微观层面的治理结构来寻找原因。

1. 经济结构

在我国，这是由宏观经济发展的阶段性特征决定的。我国经济当前面临较为突出的结构性矛盾，同时面临供给冲击、需求收缩、预期转弱的三重挑战，从而严重制约了国民经济发展的空间。当经济"扩张"受阻之后，就会开始"内卷"。很多商品的市场竞争已然比较充分，企业之间为抢订单而采取价格竞争策略，企业利润越来越薄，表现在金融市场上，就是有投资价值的资产变得稀缺，出现所谓的"资产荒"。

2. 金融市场结构

如前文所述，资本市场的"资产荒"使得具备投资价值而非投机价值的高质量资产偏少，而社会上各类资金汇集成的意欲投资的资本总量却是充裕的，金融市场供需结构的失衡导致投资风险加大、市场波动性加大，使得监管政策不敢轻易放开股权投资、风险投资，投资管理人为规避风险起见而减少股票投资。

3. 年金治理结构

"委托—代理"问题是企业年金治理结构当中的重要问题。对于法人信托的企业年金，有双层"委托—代理"关系：第一层次，企业是委托方，受托人、账管人、托管人、投管人共同构成受托方（即代理人）；第二层次，受托人与账管人、托管人、投管人形成信托关系，受托人是委托方，账管人、托管人、投管人是受托方。长期以来理论研究和政策实践的重点集中在防范"代理人"的道德风险，对于是否应该约束及如何约束企业这一"委托人"的行为并没有予以足够的重视，而当前企业年金治理存在的一些问题却是由"委托人"引起的。

（1）"委托人问题"成因。

在当前的企业年金治理结构当中，受托人、托管人、账管人和投管人等"四方管理人"都有相应的制度和规则约束，唯独委托人缺乏制约。由于中国企业年金目前没有放开个人投资选择权，是由企业作为员工的代理人来选择年金管理机构。在年金管理机构面前，企业就成了拥有集中决策权力的委托人。而在当前企业年金买方市场的格局下，委托人自然有较强的话语权，对受托人和投管人有压倒性优势，能够制约其行为但很少受其制约。不受制约和监督的权力就容易产生"委托人问题"，即委托人对企业年金管理主体行为的不正当、不合理干预所产生的损害年金基金运营秩序及效率的问题。

委托人不正当、不合理的干预行为通常表现为：企业考核评价投资业绩的主观性和随意性较大，考核频次多、期限短，指定资金用途，甚至违背信托精神而将企业年金当作可以给个人或小团体带来私利的一种资源。受托人和投管人面对企业特别是"财大气粗"的企业，往往被迫签"城下之盟"，曲意迎合，致使专业的战略规划、战术调整很难开展，长此以往将会损害员工的年金权益。对委托人可能有些约束的，一是企业员工的监督，二是企业年金计划的业绩好坏。前者因为监督成本、监督的正外部性以及人们的"搭便车"心理等原因而通常不会形成有效的约束力，而后者却往往变成了委托人过度、频繁地干预年金运营的理由。

(2)"委托人问题"对企业年金运营的干扰。

第一，业绩评价"长钱短考"，降低企业年金基金潜在收益水平。

"长钱短考"，是指企业年金基金作为一种可以用作长期投资的资金却普遍面临委托人短期考核的困扰。对于投资，一个基本的常识是风险与收益相匹配，"高风险，高收益；低风险，低收益"。企业年金基金在缴费与领取待遇之间有较长的时间差，投资管理人可以将之用于风险容忍度较高、收益率较高的长期投资。但企业作为员工的代理人，却用不同的逻辑对待风险和收益。

一是要求风险尽可能地低。企业作为委托人，总体是风险规避型的，这是由企业年金所采取的集中委托方式造成的。集中委托造成投资的整齐划一，难以兼顾个人的风险偏好。而通常来看，年轻职工对风险的容忍度强，也有足够的时间抵御权益类资产价格波动的冲击；而距离退休时间较近的年长职工对风险的容忍度较低，若退休时点权益类资产价格大幅下跌，他没有时间等待其重新上涨，养老金资产面临大幅缩水的风险。因此在没有放开个人投资选择权的情况下，代理委托人必定选择较低的风险容忍度来作为整个年金计划的风险容忍度。而且从代理委托人自己的利害出发，尽管长期来看增加权益类投资会提高基金的整体收益水平，但波动性也随之加大，业绩好时员工会认为这是代理委托人分内的职责，但一旦业绩大幅下滑，给临近退休者带来较大的损失，这些员工会指责代理委托人不认真履责。从自身安全的角度，代理委托人也愿意选择较低的权益类投资比重。

二是要求收益尽可能地高。尽管企业会要求受托人或投资管理人采取保守型的投资策略，但投资业绩会有来自市场比较的压力，投资回报率低会受到来自企业员工的批评和质疑。因此，企业会以更换受托人或投资管理人来胁迫其提供较高的投资回报率，投资管理人不得不加大权益类资产的配置以满足企业对高收益率的要求。这样就会导致投资业绩频繁地波动。而企业对风险的容忍度又比较低，坚持风险"零容忍"，索要绝对正收益，进而会频繁地考核投资业绩，要求投资管理人调整投资行为。

"低风险、高收益"的资产是极度稀缺的。面对企业"低风险、高收益"这种有悖常理的投资诉求，使受托人和投资管理人面临"资产荒"，陷入了进退失据的尴尬境地，不得不在面临委托人短期化考核压力下，频繁地调整投资策略和资产配置，整个市场遍布充斥着投机气息的短期投资，无法践行长期投资、价值投资、社会责任投资的理念，不能发挥机构投资者稳定金融市场、引导正确投资理念的积极作用，反倒成为扭曲市场的一股力量。

第二，职能分工"越俎代庖"，冲击企业年金正常运营秩序。

企业年金基金正常有序的投资运营涉及委托人及各方管理人之间明确的分工与协作。但由于"委托人问题"的存在，企业干扰企业年金运营所产生的压力会通过受托人向投管人传导，导致二者之间的权责界限发生变化。原本受托人的主要职能是从宏观上进行企业年金基金投资的战略决策，工作重点是制定大类资产配置方案和绩效考核办法，注重考评投管人投资过程的合规性和投资结果的有效性，一般不干预投资过程，也较少进行窗口指导。而投管人的主要职能是在战术层面进行具体的投资操作，包括选择资产、设计资产组合、调整资产结构等，对投什么、怎么投、何时投有较大的自主权和较强的主动性。但现实情况是，迫于企业不正常、不合理的考核压力，受托人对投管人实施更加精细的过程监督，要求投管人增加提交投资报告的频次，对投资过程的指导也更多。这看似更主动、更严密的监督，却存在

"外行干预内行"之嫌，会在一定程度上影响投管人投资的独立性、创造性和连续性，到头来受损的是企业员工的年金权益。

综上，受监管政策、经济结构、金融市场结构、年金治理结构等因素的影响，我国私人养老保险基金的投资风格偏保守、投资期限偏短，这在强调安全性的同时放弃了增加收益的可能性。而安全性和收益性是对立统一的，二者互为基础，不能偏废。虽然罔顾安全但求收益的重效率论是鲁莽的、激进的，但过分牺牲收益以求安全的重安全论却是拘谨的、保守的，理想的状态是能够做到安全性和收益性的适度平衡。从目前私人养老保险基金对权益类产品的投资比例看，对收益性的追求明显不足。

其实这种偏保守的投资策略绝非我国所独有。以投资风格相对激进、投资绩效相对较好的英国为例，其养老金投资风格也渐趋保守。从2006年至2022年，英国养老金投资权益市场的比重由超过60%下降到19%左右，投资债券市场的比重却由28%左右上升到72%。[①] 但为了提高收益，这些债券投资大量使用了金融衍生品并加大了杠杆，在英国政府为抑制通胀而大幅提高利率的情况下，债券价格大幅下跌，造成2022年英国的养老金流动性危机，多亏英国政府出面干预才免于崩溃。由此可见，养老金投资一味追求安全性未必真安全。

第四节 低利率环境对私人养老基金投资回报率的影响

这里的市场利率指的是金融概念上的、狭义的市场利率，对应的是债

[①] 数据源自恒安标准养老保险有限责任公司董事长万群在2023年养老金融50人论坛上海峰会上的发言。

券类金融产品的收益率，包括银行存款利率、国债利率、企业债利率等。

一、私人养老基金的资产配置结构

从私人养老基金的资产配置结构看，主要分固定收益类、权益类和另类投资三种。前文已述，我国私人养老保险基金配置权益类资产的比重不高，多数是固定收益类产品，目前尚未被允许配置"另类资产"。从国外的实践看，很多国家为控制投资风险，都要求私人养老基金的一定比例配置固定收益类资产。从表5-4可以看出，OECD国家私人养老保险基金配置固定收益类产品的比例有较大差异，比较低的是澳大利亚，仅为13.2%；较高的是葡萄牙和智利，都超过60%。亦如前文所述，在低利率的环境下，国外有加大权益类、另类资产配置的趋势。

表5-2 部分OECD国家私人养老保险基金固定收益类资产占比（2022年）

国家	固定收益类资产占比（%）
澳大利亚	13.2
加拿大	25.1
智利	62.96
捷克	79
丹麦	56.5
德国	40.13
以色列	55.7
意大利	42.1
荷兰	34.8
挪威	52.14
葡萄牙	62.53
西班牙	50.71
瑞典	22.2
英国	35.09
美国	27.2

资料来源：根据OECD统计网站提供的数据计算得到。

注：由于数据缺失，美国、西班牙、捷克、以色列、荷兰、瑞典等国家的私人养老保险基金固定收益类资产不包括共同基金中的固定收益类产品。

二、低利率对私人养老基金投资及养老金待遇的影响

对于 DB 型私人养老金而言,市场利率下降,意味着所承诺的养老金待遇的现值上升,资产负债表恶化,私人养老金基金的长期偿付能力下降。《全球金融稳定报告(2019)》指出,荷兰、英国和美国的按市值计算负债的待遇确定型养老保险基金,当长期利率下降时,未来债务的规模急剧增加。

对于 DC 型私人养老金而言,在市场利率特别是长期利率较低的情况下,固定收益类资产能够提供的投资回报率是有限的。如 2019 年,全球负收益债券规模达到 15 万亿美元,而负收益债券规模占全球债券市场总规模超过 25%(《全球金融稳定报告(2019)》)。由于固定收益类资产往往在私人养老基金资产中占较大比例,这将拉低私人养老基金的整体收益水平。

无论是 DB 型还是 DC 型私人养老金,在市场利率下行时,如果参保人退休后用积累的养老金资产购买终身年金,其定期领取的年金额度也会下降。

三、受托金融机构提高非固定收益类资产配置比重的压力

从全球金融市场看,在低利率环境中,为了克服固定收益类资产回报率低的问题,金融机构尤其是那些有绝对收益率目标约束的机构投资者,通过提高风险较高的资产配置比重、提高投资组合中高风险资产的比例来提高收益。对于 DB 型私人养老基金而言,低利率增加了未来负债的现值,为了改善资产负债表,也提升了对风险的容忍度,增加了对私募股权、房地产和基础设施等另类资产的投资。[1]

---

[1] International Monetary Fund. Global Financial Stability Report: Lower for Longer. IMF, 2019.

上述分析同样适用于 DC 型私人养老基金的受托金融机构，迫于市场竞争压力，为了吸引和留住客户而铤而走险，将基金更多地向权益类资产和另类资产配置以获得较高的投资回报率，机构之间的投资策略也更加趋同，这意味着市场波动性也较大，不仅放大了潜在的市场风险，而且使风险调整后的收益水平不一定较高。① 事实上，在完全竞争的资本市场中，风险调整后的市场利率、股权投资回报率（Return on Equity，ROE）、资本回报率（Return on Invested Capital，ROIC）是一致的。②

中国企业年金采取 DC 模式，而且从以往的实践看，整体的投资风格偏保守。由于固定收益类资产配置比重很高，低利率环境对企业年金基金收益率水平的影响就会比较大，平均投资回报率会更接近市场利率。

四、低利率环境下私人养老金计划参保人集体的养老财富储备

前文已述，低利率环境下，DB 型和 DC 型私人养老金基金都有加大权益类资产、另类资产配置比重的压力。而从收益的来源看，权益类资产、另类资产的收益来源主要有两个：一个是所投资的资产自身获取的利润，另一个是资产"价差"所产生的收益。私人养老保险基金的投资行为决定了获利能力。

（一）私人养老保险基金难以成为纯粹的价值投资者

按理，私人养老保险基金应以机构投资者的身份从事价值投资，但从国内的情况看，这并不容易做到。

首先，价值投资对上市公司和投资者的要求很高。价值投资的前提是，资本市场上要有足够多的具有良好成长性和盈利能力的上市公

---

① 在评价受托金融机构的投资业绩时，不能仅从绝对收益率来判断优劣，而应考察风险调整后的收益率，避免过高估计高风险业务的利润贡献。

② 邢曙光，潘向东，刘娟秀. 资本市场收益率是由什么决定的？——理论与经验分析，金融纵横，2019（7）：39.

司，才能让投资者树立价值投资的理念。而在经济增长低迷、经济内卷的环境中，这样的上市公司毕竟是少数。而且从事价值投资对投资者的能力、魄力、毅力要求很高，不仅要对所投资股票进行详尽的现状分析，而且要预测未来，在此基础上方能建立以获取上市公司现金股利为目的的长期投资，并且坚持自己的选择。这就要求投资者将精力集中于数量有限的优质上市公司。能够满足这样条件的投资者也毕竟是少数。而私人养老保险基金是各类资产的投资组合，投资管理人很少有能力和精力去研究所配置股票背后的所有上市公司，因此也就不太容易建立起对这些股票长期持有、靠分红获利的价值投资的信心。

其次，价值投资要求委托人和投资管理人有高度共识。价值投资追求长期收益，但需要忍受短期波动。而私人养老保险基金的委托人和投资管理人的风险偏好和未来预期很难一致。前文所述的治理结构问题，使得私人养老保险基金的委托人往往都是感性的、短视的。委托人往往缺乏成熟的专业的投资管理人所具备的理性和长远眼光，很难忍受短期波动，会经常干预投资管理人的决策，让投资管理人很难执行价值投资计划。

（二）投资行为选择对养老金财富的影响

在低利率的环境中，私人养老保险基金的投资管理人增加权益类资产的配置，其操作可能是价值投资、价值投机、纯粹投机兼而有之的复杂行为。

首先，选择价值投资的基础是低利率，只要上市公司的股息率高于市场利率，配置这类上市公司的股票并从分红中获利的行为就是合理的。我国当前股票市场平均股息率比较低。以A股市场为例，截至2022年4月3日，A股上市公司的平均股息率（近12个月）为1.47%。股息率超过5%的有115家公司，超过10%的仅12家公司。[①]

[①] 尹雯. 媲美华为! 逾百家A股公司股息率超5%，高分红个股该怎么选？. 搜狐网站，（2022-04-04）[2023-05-01］. https://www.sohu.com/a/535303505_154518. 这说明两个问题：一是上市公司整体分红水平较低；二是上市公司分红呈现结构性问题。对于高分红的银行股，由于目前中国仍以间接融资为主，银行具有某种垄断性，其利润就是生产者和消费者的成本，因此银行股高分红并不代表它对经济的贡献大。

即使是能够提供5%的股息率的优质股票，以现价买入并长期持有，假设股价不上涨，也要用20年才能收回成本。但在低利率环境下，股息率较高的优质股票是各类资金追逐的对象，因为从价值投资的角度，这类股票至少可以取代利息较低的固定收益类产品。于是股价上涨，股息率下降，理论上只有股息率降至市场利率加上合理风险溢价的水平，股价才可能停止上涨。如果资本市场上缺乏新的高质量的企业持续涌入，在没有更好投资渠道的情况下，私人养老保险基金可以在股价上涨的各个阶段买入这类股票，只不过各个阶段投资的回报率递减，但只要高于市场利率加风险溢价的水平就是值得的。如果私人养老保险基金是坚定的价值投资者，长期来看，能够从投资股票赚的钱只能来自上市公司的经营利润，前提是上市公司进行合理的现金分红。如果上市公司不分红或现金分红很低，即使股票价格因上市公司业绩增长而上升，但由于投资者只能将获利的希望寄托于变现股票，那么整个市场就会陷入投机的漩涡。总之，如果私人养老保险基金坚持这样的价值投资，其投资回报率有向市场利率接近的趋势，在低利率的环境中，整体收益率可能不会太高。

其次，价值投资可能会向价值投机转化。即使上市公司每年进行合理的分红，私人养老保险基金也愿意坚持长期持有以期从上市公司的经营利润中获益，但企业有荣衰、行业有周期、经济有周期，上市公司不可能持续提供满意的回报，股价也不可能持续上涨，当行业周期或经济周期的拐点来临，或者新的产业替代旧的产业，那么私人养老保险基金很难建立穿越周期、与上市公司共进退的信心，大概率会选择适时调整股票资产的配置数量和结构，通过卖出股票来获取价差收益。此时通常认为是赚取了上市公司成长的钱，这些钱已经与上市公司的业绩无关，只能来源于其他投资人。

再次，纯粹投机也是可能的。由于能够持续提供较高股息率的上市公司是稀缺资源，面对私人养老保险基金保值增值的要求和业绩考核的压力,投资管理人有可能会采取一部分短期交易策略,尤其是在面对我国这样一个"散户市"的时候。从投资者数量结构来看,我国股票市场中机构投资者数量占比微乎其微。从投资者持股比例结构看,"散户"持股市值也占优势。"剔除一般法人持股,近几年个人投资者、境内专业机构、外资持股比例在 50%～56%、36%～41%、8%～10% 区间波动,个人投资者 2023 年 Q3 占比 54.13%,占比仍然最高"①。但从获得能力看,在机构投资者面前,个人投资者在金融知识、技术手段、信息数据等方面皆处于劣势。特别是量化交易技术②的发展,机构投资者更是利用数学模型和计算机算力组成的"智能机器人"来碾压"生物人",频频发起短线操作来赚取价差收益,诚如全国政协委员、中央财经大学证券期货研究所所长贺强在 2022 年全国政协会议提交的提案中所言,这种做法"本质上是在收割散户"。因此,如果一部分私人养老保险基金采用短期交易策略,那么它与其他机构投资者、个人投资者之间就形成"零和博弈"。其结果"有人赚钱的同时有人亏钱",或者是一部分私人养老保险基金的投资管理人获得高额投资收益的同时,而另一部分私人养老保险基金的投资管理人面临巨额投资亏损;或者所有私人养老保险基金的投资管理人集体盈利的同时,其他机构投资者和个人投资者亏损,社会财富并不因之而增长毫厘。

理论上,价值投机和纯粹投机获得的收益都是"别人的钱",这样的收益究竟有什么意义呢?可以设想一种极端情况,如果资本市场中的个人投资者全部参加了私人养老保险计划,私人养老保险基金赚的钱全部来自个人投资者亏的钱,就私人养老保险计划而言,受托金融

---

① 杨沁. A股投资者结构大扫描!涉及险资、外资,变化正在发生. 证券时报,(2024-03-11)[2024-04-05]. https://finance.sina.com.cn/stock/zqgd/2024-03-11/doc-inamxtkr1623112.shtml.

② 量化交易是"指以先进的数学模型替代人为的主观判断,利用计算机技术从庞大的历史数据中海选能带来超额收益的多种'大概率'事件以制定策略,极大地减少了投资者情绪波动的影响,避免在市场极度狂热或悲观的情况下做出非理性的投资决策"。相关定义来自百度百科。

机构不辱使命，使参保人赚了钱；但超出私人养老保险计划来看问题，参保人作为个人投资者却亏了钱，两相抵消，金融机构的高投资收益对参保人集体未来的养老财富积累并没有产生任何帮助。

如果我国资本市场没有了"散户"，只剩下机构投资者，私人养老保险基金如何赚钱呢？通常的说法是，机构投资者可以赚上市公司成长的钱。但这个"成长的钱"应与一般的理解不同，它不是机构投资者通过持有被低估的上市公司股票而从公司市值的不断增长中获得股价的差额收益，而很可能只是从上市公司不断增长的经营利润中分享收益。因为机构投资者都很精明（否则就会被市场淘汰），市场上很难再有被低估的企业和股票。市场上关于未来高成长性事物的信息也是透明的，大家因为相信所以看见，因为看见所以行动，因为行动是集体性的、竞争性的以至于对投资标的估价充分考虑它的成长性。在一个套利机会稀缺的资本市场中，当一个机构投资者想抛售股票的时候，那么它十之八九有更好的投资机会，而这样的机会其他机构投资者是不会忽视的，因此金融机构之间很难利用对方的失误来赚取价差收益。当然真实资本市场的有效性肯定不如以上描述的，但机构投资者主导的资本市场的有效性会大大增强。而且随着人工智能、大数据、云计算等技术日益广泛而深入地应用于金融投资领域，机构投资者的判断和决策将不断趋同，市场中的套利机会也随之减少。果真如此，私人养老保险基金的投资回报率就由上市公司的利润率、市盈率、股息率等指标决定，只能获取平均收益率。

综上，私人养老保险基金作为我国重要的机构投资者，在资本市场缺乏持续高质量企业涌入的条件下，作价值投资的空间比较有限；在低利率的环境中，提供持续的高投资回报率的空间也有限；而若参与投机，又是社会不愿看到的。因此，私人养老保险基金若想坚持价值投资并打算长期从企业的经营利润中分享较好收益，最根本地还是应该积极参与高成长性、高质量企业的培育和发展，为资本市场贡献优质的上市公司，从中实现保值增值的目标。

第六章　在中国缩减公共养老金面临的挑战

逻辑上，若要想降低公共养老金制度的保障责任（或者降低初始待遇计发水平，或者降低待遇调整幅度，或二者兼而有之），那么私人养老金制度（包括企业年金、个人养老金）必须是一个全员覆盖，特别是能够向中低收入者覆盖的制度，而且私人养老金所提供的待遇水平最起码能够弥补公共养老金待遇降低的部分。改革有三种可能性：一个使所有人的利益得到增加的帕累托改进式的养老金制度结构调整才容易被人民接受，这是最好的结果；一部人受益、一部分人受损，但总的利益增加的卡尔多改进式的养老多金制度结构调整就令人难以接受，这是次好的结果；少数人受益、多数人受损、总的利益受损的养老多金制度结构调整一定会遭到强烈反对，这是最差的结果。而且，人民评价的标准不是改革的动机是否善意，而是改革的结果是否能增进福祉。从中国的情况看，降低公共养老金制度保障责任将面临三重挑战，即私人养老金计划可能的参与"小众"性，来自"就业极化""收入极化"的外部制约，以及中低收入者养老金权益会在扩大基本养老保险个人账户的改革中受损。

第一节 私人养老金计划可能的"小众"性

降低公共养老金制度保障责任的前提是，私人养老金制度能普遍地发展起来。如果私人养老金计划的参与者人数较少，那么养老金制度结构调整的结果就很可能掉入上述三种结果中最差的那一个。

从中国当前的情形看，企业年金虽经近二十年的发展但覆盖面却低于7%，个人养老金试点的覆盖面也差强人意，两者都是由中高收入者组成的"小众"参与的制度（企业年金常被称作"富人俱乐部"）。从国外的情况看，即使是经济发达、崇信个人自由和市场经济、资本市场发达的美国，其职业年金（其中一部分是待遇确定型职业年金，主要是联邦和州政府雇员的职业年金）虽经多年的发展，至今覆盖率仅50%左右，个人养老金仅20%左右，且个人养老金账户的资金多数来自企业年金账户转入的资金。从未来的发展趋势看，中国缴费确定型的企业年金、个人养老金要想变成一个包括中低收入者在内的"大众"参与的制度，可能需要经历较长的时间，最终结果好坏也不以人的意志为转移，受一系列客观因素影响。在较长的时期内，企业年金、个人养老金可能仍是"小众"的制度。

因为若非采取强制性或者准强制性（类似于英国的"自动加入计划"），像中国这样一个人均GDP仍然较低的发展中国家，短期内企业年金、个人养老金很难取得较高的制度覆盖率。而实施强制性企业年金制度的国家又多是"待遇确定型"的，准强制型的企业年金计划目前仅在英国、美国、土耳其等少数国家开展，是否适用于中国目前尚未可知。

"自动加入计划"旨在利用行为心理学中的"偷懒"心理，认为当该计划替所有人作出"自动加入"的默认选择后，多数人会因为嫌麻烦而不去主动退出该计划。这是感性直觉而非理性计算在起主导作用。但是如果人们开始懂得这种心理机制，而且这种知识在人群中快速传播，当"不要偷懒"成为越来越多的人的意识觉醒，当理性计算逐渐占据上风，特别是面对投资收益回报率低甚至在严重的经济危机、金融危机中遭受巨大损失的时候，难道人们不会选择退出该计划吗？难道不会出现"多米诺骨牌"效应吗？我们不能过多地相信心理试验的结果，过度轻视民众的理性和基于理性而不怕"麻烦"、积极改变选择的行动力，前文提及的奥地利和匈牙利的例子能够说明一些问题。

另外，英国"自动加入计划"实施的时间并不长，近些年英国的投资回报率也较高，还未经受过大的经济危机、金融危机的考验，我们不能断言该计划的覆盖面会一直单向地上升。而且"自动加入计划"在英国的成功，并不意味着能够将之完美地复制到其他国家并同样成功，毕竟各国的经济、政治、文化、习俗、社会心理存在很大不同。对于中国而言，"自动加入计划"实施前后所面临的企业状况是一样的，企业不主动建立企业年金计划的各种约束条件也没有变化，企业难道不会基于理性而想方设法"威逼利诱"员工使其自愿或"被迫自愿"退出该计划？毕竟此事关涉企业的用工成本，员工可能会"偷懒"，企业应该会特别"勤快"。特别是如果企业利用"自动加入计划"仅将少数核心员工留在该计划内而成功地将其他员工"劝退"，这就相当于企业年金计划所秉持的"非歧视性"原则变相地被废弃，企业也不再有逐步扩大覆盖面的承诺和压力。一个可能的结果是，除了将私营企业中的高收入者纳入进来，"自动加入计划"对于中低收入者不会产生太大的影响。

若继续实施自愿型的企业年金计划，经济效益好的大企业如华为、腾讯、格力等很可能依然不会参加，因为它们有更好的激励员工的方式，如员工持股计划、股权激励等；经济效益弱的中小微企业，考虑到企业平均生存周期短、员工流动性大、员工更看重当期收入而非养老金计划等因素，多数无力或无意建立企业年金计划。参加企业年金计划的多是国有企业，因为它们更多地将企业年金看作福利而非人工成本，但能参加的基本上都参加了。因此，短期内提高企业年金计划覆盖率的空间有限。

对于已经实施的个人养老金制度，首先要回答的一个问题是：个人为什么要选择加入个人养老金计划而不是自己理财？如果采取类似于企业年金的EET税收优惠模式，对达不到纳税起征点的中低收入者缺乏吸引力。即使采取TEE税收优惠模式，中低收入者虽然实际上免税，但由于个人养老金基金较长的封闭期与中低收入者随时需用资金的急迫性和不确定性之间的矛盾，加上个人理财与购买个人养老金产品方面又无本质的差别，个人也可以购买金融机构推出的养老金理财产品，而且投资期限更灵活，中低收入者也难以对个人养老金产生较大的兴趣。因此，无论是EET还是TEE模式，中低收入者对税收优惠政策基本是无感的，我们应对个人养老金制度未来的覆盖面持审慎态度。

当公共养老金仍可能是绝大多数老年人生活的主要收入来源的时候，公共养老金制度的保障责任怎能轻言下降呢？

第二节 来自"就业极化""收入极化"的外部制约

"就业极化""收入极化"是全球性现象，在中国也初露端倪。在此背景下，养老金制度结构调整就要回答一个问题，即重公平还是重效率，换言之，是更多地通过养老金制度对收入的不平衡状态进行逆向调节，还是更多地将收入的不平衡状态在养老金制度中延续下去。

一、"就业极化"和"收入极化"的缘起

（一）概念和内涵

"就业极化"就是就业的两极分化，技术门槛极高的高端就业和技术门槛非常低的低端就业比重上升，而中端就业比重下降。从科技发展对就业结构的影响看，中端就业人群可能会更多地向低端就业分化，导致低端就业的比重越来越高。"收入极化"是"就业极化"的派生物，表现为高工资收入的人和低工资收入的人在增加，而中间收入的人在减少，最终结果是低收入人群比重越来越大。"就业极化"和"收入极化"共同促成"中等收入群体"（或"中产阶级"）萎缩，且更多地下沉到低收入阶层，国民收入结构的"金字塔"形状越来越明显。

（二）何以引起关注

早在 2014 年全球央行年会上，"岗位极化"就成为着重讨论的主题，因为与会经济学家对美国过去 25 年到 30 年的就业岗位研究后发现两大趋势性现象①：其一是"岗位极化"，劳动力市场结构逐渐从理想中的"橄榄型"向着力规避的"哑铃型"发展。其二是无就业复苏，即经济复苏对就业岗位增长的提振效应非常有限。

"岗位极化"对美国的货币政策和经济增长造成冲击：一是由于劳动力资源大量被闲置，就业不充分，美联储主观上和客观上都可能维持较长时期的低利率政策，以刺激经济，提升就业。二是由于"中产阶级"规模逐渐萎缩，美国消费增长乏力，进而延缓经济复苏步伐，制约经济增长水平。这两个因素可以部分地解释美国为什么一直难以摆脱对量化宽松货币政策工具的依赖，造成全球经常性的流动性泛滥。

---

① 程实. "岗位极化"现象值得关注. 新京报（电子版），（2014-08-26）[2023-06-08]. http://epaper.bjnews.com.cn/html/2014-08/26/content_531101.htm?div=-1&news.

从美国收入分配结构看，收入分化现象也比较明显，表现为人均收入平均数与中位数的差距越来越大。1950 年至 2010 年，美国年人均收入中位数从 1 971 美元增长到 26 175 美元，年均增长 4.4%；而年人均收入平均数从 2 376 美元增长到 38 328 美元，年均增长 4.7%；平均数与中位数之比从 1.2 上升到 1.46（参见图 6-1）。

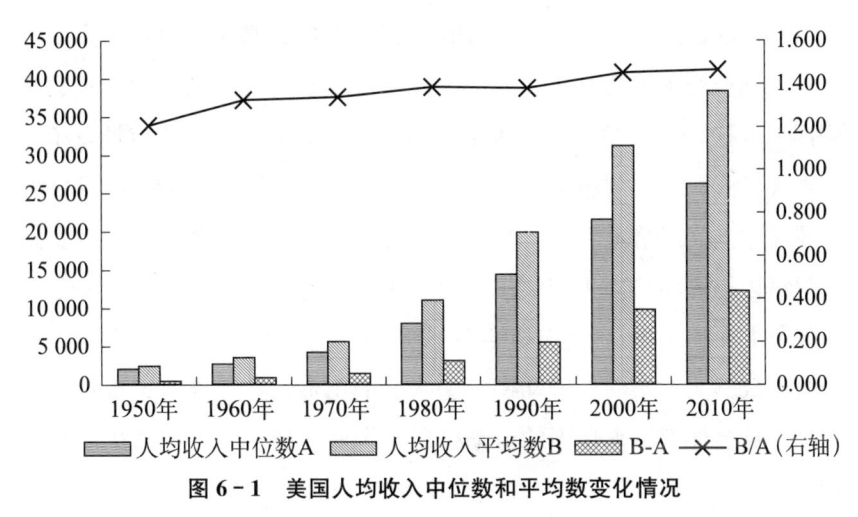

图 6-1 美国人均收入中位数和平均数变化情况

资料来源：历史上美国历年人均工资收入中位数和平均数一览（1947—2012）. 汇率网，http://www.huilvwang.com/bbs/forum.php? mod=viewthread&tid=56338.

从国民收入分布情况看，1980 年至 2017 年间，美国收入排后 50% 的群体的收入占比从 20% 降至 12.5%，同期收入排前 1% 的群体的收入占比却从 10% 上升到 20%。[①] 如果进一步分析，就业、收入状况会对储蓄及投资获利能力产生影响。高收入者储蓄多、投资机会多、获利能力强，而中低收入者储蓄少、投资机会少、获利能力弱，最终表现在财富集中度上升，财富的不平等程度要高于收入的不平等程度。

"岗位极化"率先在美国出现，但它不是美国独有的问题，它带有

---

① 卢卡斯·尚赛尔. 发达经济体不平等的十个基本事实. 国外理论动态，2022（1）// 新华文摘，2022（12）：140.

规律性、普遍性和趋势性，或早或晚地会在其他国家显现并发展。因此，"岗位极化"问题引起世界各国越来越多地重视。

二、成因分析

"就业极化""收入极化"是市场经济发展的必然结果，而资本与科技的结合会加速极化的进程。① 特别是随着人工智能、大数据、物联网、云计算、5G 等技术及应用的快速发展，企业在面临市场竞争压力加大、人工成本（包括工资、社保等在内）上升、利润空间下降时，只要技术上、经济上可行，越来越有动力实施"机器换人"工程。这不仅可以提高生产率和产品质量，也可以节省人工成本（包括工资、社保等方面的支出），更有机会在不断"内卷"的市场中生存下来。而与之形成鲜明对比的是劳动密集型企业的工资、社保等人工成本相对较高，这会促使越来越多的劳动密集型企业向技术、资本密集型企业转变。

与失业相比，"就业极化"还是一个相对较好的结果，虽然很多人的收入较低，但毕竟还有机会就业。然而，就业前景远非如此乐观，以信息技术及应用为代表的第三次技术革命将可能导致大量失业。如世界经济论坛的《2020 年未来就业报告》预测，到 2025 年自动化和人机之间全新的劳动分工将颠覆全球 15 个行业中 8 500 万个工作岗位。不仅劳动和技术岗位面临被机器替代的危机，人工智能技术的发展（如近来火遍全球的 ChatGPT 及快速更新换代的节奏），越来越多的创造性岗位也面临被替代的风险。人工智能和自动化技术的结合，

---

① 政府虽然可以改善初次收入分配，延缓这一进程，但很难从根本上扭转。因为这是市场竞争、资本逐利所决定的企业行为。政府过度干预会损害企业积极性和国际竞争力，在经济全球化的背景下，企业就有向人工成本较低国家转移的动力。资本的国际流动性要远远高于人。资本走后，留给一国政府的是需要解决就业的人。

将使得机器在越来越多岗位上的适应能力、工作效率及质量开始超越人类,不仅在像生产流水线这样仅要求简单体力劳动的领域,而且在医学、金融等对技能和脑力要求较高的领域都是如此。那么人类的第一反应就是通过教育和培训来提升自身技能以应对机器的挑战,但成功的条件是人类学习的能力和速度要超过搭载人工智能的机器。然而从目前的大量实例看,人类处于下风。

对此,一些人认为不必过分担忧,他们动辄搬出第一、第二次技术革命的历史经验:这两次技术革命在消灭一些就业岗位的同时创造了更多的就业岗位,市场创造就业的能力似乎是无限的,技术进步总体上带给人类的是福音而不是苦难。然而,第三次技术革命却明显地区别于前两次。前两次技术革命解决的是人类社会生产的动力问题,即赋予机器"动能",但如果没有人的参与,机器几乎无法独立完成工作。但第三次技术革命却赋予机器的是"智能",机器开始像人一样具有思维与逻辑,其智能因不断学习而提高,逐渐使生产活动脱离人类的参与。不仅如此,智能机器自身最终也很可能将由智能机器来生产。或许正如半个多世纪前著名数学家约翰·冯·诺伊曼曾预言的那样,生产一台机器的成本低于雇用或训练一个"工人"的成本,而这些机器将由其他学习如何生产机器的机器来生产。除非程序出错、动力不足或物理损伤,机器不知疲倦,不挑剔工作环境,没有养老、医疗、工伤等后顾之忧及相应支出,不会组织起来罢工维权,可以节省与管理工人相关的组织成本,等等。从效率、质量、成本、安全等各个角度看,使用智能机器对单个雇主和资本而言都是百利而无一害的。

当然,从整个社会生产系统看,不加引导和约束的技术进步确实会给人类社会带来巨大的灾难。由于技术进步会造成大量失业或绝大多数人收入较低,社会有效需求面对强大的社会生产能力愈发显得不足,大量产品卖不出去,企业在激烈的市场竞争压力下不得不降低价格、缩减规模、减少雇工,于是社会有效需求更加不足,由此经济运行进入向下的累积型循环,最终陷入停滞。智能机器不需再生产劳动力费用,不需要收入,也没有支出,纯粹是生产者,不像人类兼具生产者与消费者的功能,尽管受资源环境约束,经济范畴仍然存在,但市场经济赖以存在的基础会不断瓦解,需代之以新的经济组织方式才能使人类社会存续下去。资本通过不懈努力在消灭就业的同时也消灭了自己。[①] 但这种宏观的、系统的、明显具有"外部性"特点的事情是单个雇主和资本愿意考虑的吗?他们会为了整个经济系统的顺畅运行而纷纷克制对智能机器的使用吗?即使他们都预见到了经济系统的悲惨宿命,但在经济系统崩溃之前,他们要做的事情是比拼谁将最后一个倒下,而不是携起手来共同改变命运,否则资本、市场经济等现代社会运行的基础逻辑都将解体。

那么政府会出面干预技术进步的步伐吗?其实只要把个体行为逻辑放大到国家层面就很容易得出结论。在真正的人类命运共同体被筑牢之前,国家之间总是存在着竞争,经济竞争是重要内容之一。而经济竞争的主体就是企业。在其他国家拼命发展科技以提升本国企业的国际竞争力和市场占有率的时候,有哪个国家的政府敢于约束本国的科技进步吗?只要资本、市场经济等范畴存在,敢于自缚手脚的国家无异于自甘落后,结果就是被世界市场淘汰出局。

其实技术进步对经济的不利影响早就出现了。欧洲工业革命极大地解放了生产力,欧洲狭小的市场逐渐满足不了不断提高的生产力,于是欧洲列强利用坚船利炮在全世界开拓殖民地,并采用自由主义的经济政策鼓励本国企业发展对外贸易,寻找工业产品销售地和原材料来源地。欧洲国家是利用世界市场来消化国内过剩产能、化解经济危机。然而随着世界市场的形成和全球利益格局的固化,国家之间进行

[①] 有一个经典的寓言式的笑话,说的是一个拥有全自动无人生产线的汽车生产商福特领着工会主席参观他的厂房,调侃道:"尊敬的主席先生,今后您将如何收取工会会费呢?"工会主席反讽道:"尊敬的福特先生,您打算将汽车卖给谁呢?"

了分工，少数发达国家站在了全球食物链的高端，大多数发展中国家和欠发达国家处于全球食物链的中低端，于是一个国家内部的供给过剩和有效需求不足的矛盾开始在全球发酵并越来越严重，产生大大小小全球性或区域性的经济危机。特别是随着经济全球化的发展，一国企业的生产由于越来越深度地融入全球生产链和价值链而变成世界性的了，经济资源的配置越来越全球化，世界主要经济体和经济大国的国内经济危机实质是世界经济危机的局部反映和开端，没有地球之外的"宇宙市场"可供各国化解经济危机。各国在无法对外输出经济矛盾的情况下，只能向内寻求解决之道，应对的办法大同小异，主要是诉诸宽松的货币政策和积极的财政政策，至今仍然在频繁地使用。但财政赤字规模一般都有上限，财政负债过高会影响国家信用。虽然无底线的"财政赤字货币化"理论由来已久，但至今尚没有国家敢于将之付诸实践。于是各国越来越仰赖货币政策来化解经济危机，不得不频繁地在宽松货币政策与紧缩货币政策之间切换。但从长期利率普遍下行的趋势看，量化宽松货币政策的作用时间更长、影响更大。

这种宏观经济调控方式对就业而言总体上是利空的。因为低利率意味着资本价格相对于劳动力价格而言更有优势，机器换人更划算，所以，只要技术上可能、经济上可行，逐利而贪婪的资本是不会多雇用一名劳动者的。

三、中国"就业极化"和"收入极化"的端倪

关于中国"就业极化"和"收入极化"的理论研究和实证研究有很多。由于这不是本书的研究重点，故不详细展开。但我们仍可以从就业在产业间的变化感受到"就业极化"和"收入极化"的端倪。

进入21世纪以来，中国第二产业就业占比大致经历了一个先上升后下降的过程，从2001年的22.30%上升到2012年的30.45%，再下

降到 2020 年的 28.70%。而第三产业的就业比重从 27.70%持续上升到 47.70%，上升了 20 个百分点（参见图 6-2）。

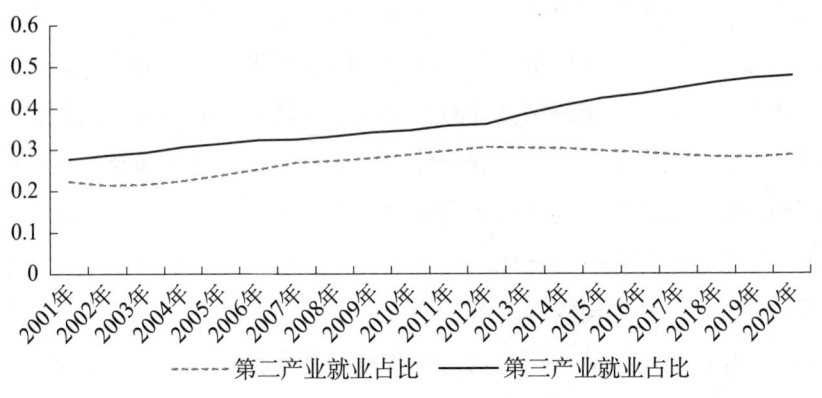

图 6-2 二、三产业就业结构变化情况

资料来源：国家统计局网站。

不仅如此，近年来第二产业的就业规模也呈下降趋势，从 2012 年的 23 226 万人下降到 2019 年的 21 234 万人，只是在 2020 年稍微回升至 21 543 万人（参见图 6-3）。但 2020 年第二产业就业人数回升很难说是长期向好的起点，而可能是一个特殊年份发生的特殊事情。国内技术创新、产业结构优化、企业技术升级仍在持续，国内需求由于收

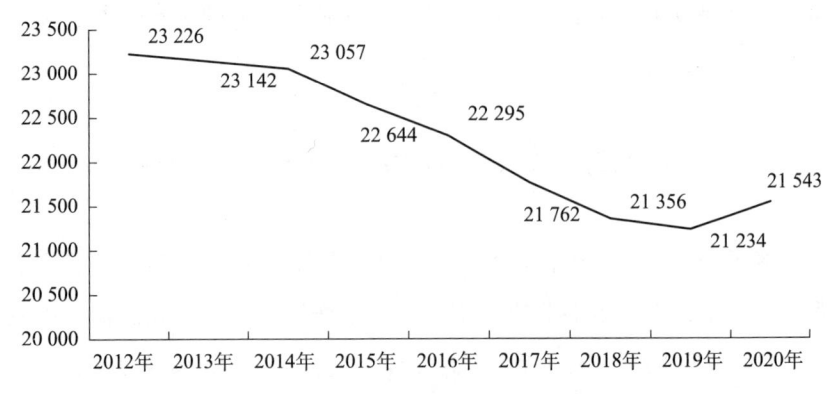

图 6-3 第二产业就业人数变化情况（单位：万人）

资料来源：国家统计局网站。

入分配、区域经济发展不平衡、新的经济增长点迟迟未到来等原因短期内难以有根本性的改变。在市场规模增长缓慢而生产能力提高较快的情况下，企业为竞争市场份额而"内卷"的程度会加深，倒逼企业进一步"机器换人"。

综上，第二产业就业人数下降可能是一个长期趋势。

就业结构在二、三产业之间的变化会反映在收入结构上。由于第二产业的劳动生产率高于第三产业，故第二产业的平均工资水平也会高于第三产业。而且由于第一、二产业的劳动力向第三产业流动，新增劳动力更多倾向于选择第三产业①，导致第三产业劳动力供给增加，这会进一步抑制第三产业的收入水平。另外，第二产业正规就业比较多，而第三产业平台就业、灵活就业等非正规就业占比呈上升态势。像淘宝、滴滴等平台企业，虽然提供了大量就业机会，但由于进入门槛低、竞争激烈，从业者收入普遍较低。以上因素都会加深劳动者收入分化程度。② 目前全国月均可支配收入低于 1 000 元的人数约 3.1 亿，低于 2 000 元的人数约为 7.1 亿。③

从全社会看，中国贫富差距已经比较严重。2003 年以来，中国居民人均可支配收入基尼系数虽说有起伏，但均超过了国际警戒线（0.4）。2008 年至 2015 年呈下降趋势，但之后又开始回升，至 2020 年达到 0.468（参见图 6-4）。居民可支配收入包含工资性收入、经营性净收入、财产性净收入和转移性净收入等四项收入，其中转移性收入是由政府和社会通过转移支付形成的收入，如离退休金、失业金、价格补贴、捐赠等。若无转移性收入，中国居民收入的基尼系数会更大。

---

① 有企业家曾言："现在的年轻人宁愿去送外卖，也不愿意去工厂上班"。快递员、外卖员、主播、自媒体等职业的平均收入并不高，但仍有很多年轻人趋之若鹜。

② 美国较早地经历了"就业极化"和收入分化过程。目前美国低收入的就业人数占比达到 44%。

③ 郑功成. 面向 2035 年的中国特色社会保障体系建设. 社会保障评论，2021（1）：14.

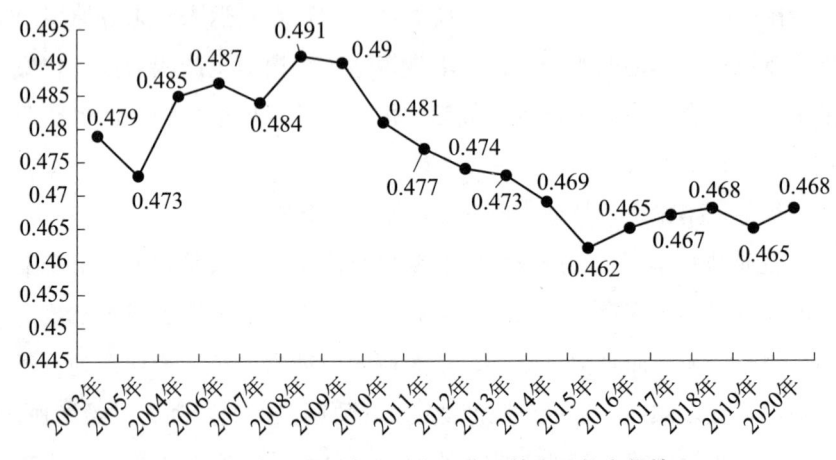

图 6-4　中国居民人均可支配收入基尼系数变化情况

资料来源：国家统计局网站。

虽说中国目前中等收入者比重达到约 1/3，但中等收入是一个较大的区间，但区间之内的分布也是不均衡的。2001 年至 2019 年，中等收入群体的扩张主要来自区间内低收入人群的增长，占总人口的比重从 1.8% 上升到 23.4%[①]，占中等收入群体人数的 69%。这说明中等收入群体的整体"质量"是不高的，许多人距离低收入边界较近，随时有变成低收入群体的可能。

四、养老金制度结构调整的选择

在一个"就业极化""收入极化"端倪显现、贫富差距较大的社会中，需要回答的第一个问题是，是否应该强化基本养老保险的再分配功能以纠正初次收入分配的不均衡呢？答案是肯定的，因为补充养老保险（包括企业年金、个人养老金）会将初次收入分配差距通过复利

---

① 李春玲. 迈向共同富裕阶段：我国中等收入群体成长和政策设计. 北京工业大学学报，2022（2）//新华文摘，2022（12）：19.

机制进一步放大。

需要回答的第二个问题是，如果要弱化基本养老保险、强化补充养老保险，那么广大中低收入者是否有能力、有意愿参加补充养老保险？而从国内外的情况看，前景不容乐观。如果当一个社会中广大中低收入者因收入原因没有能力和意愿参加补充养老保险，基本养老金是老年生活的主要收入来源，那么就不应该弱化基本养老保险的保障功能，其地位反而应随着"就业极化""收入极化"而不断强化。

需要回答的第三个问题是：即使政府通过自动加入计划、EEE税收全免政策、财政补贴等一系列政策（受到各种因素的制约，现实中实施这些政策都有很大的难度）有效地扩大了补充养老保险的覆盖面，那么补充养老保险基金就一定能够获得较高的投资回报率吗？前文已经分析过，在低利率的市场环境中，这并不容易做到，而且还面临很大的风险和不确定性。如果参保人最终获得的企业年金、个人养老金待遇较低，而基本养老保险由于保障功能弱化而提供的基本养老金待遇也比较低，中低收入者的老年境况就会比较差。

面对经济、就业、收入变化给养老保险体系带来的种种不确定性，我们不能轻言降低基本养老保险的保障责任，过多地将希望寄托在企业年金、个人养老金的发展上。

第三节　扩大基本养老保险个人账户的影响

中国现行的城镇企业职工基础养老金具有一定的收入再分配功能，在其他条件相同的情况下，缴费基数低于社会平均工资的参保人是基础养老金权益转移的净受益者。

现行政策规定，最低缴费工资基数为社会平均工资的60%，最高缴费工资基数为社会平均工资的3倍。统筹账户的缴费比例为16%。为简便起见，假设平均缴费年限为35年，60岁退休后的平均余命为20年，社会平均工资增长率等于投资收益率和贴现率。现提出两种改革办法：一种办法是"大账户"（方案1），即扩大积累制账户规模，将统筹账户中6个百分点的缴费拿出，建立积累制的账户养老金；另一种办法是"全账户"（方案2），即将16%的统筹账户缴费全部用于建立积累制的账户养老金。

改革之前，按最低基数缴费的基础养老金替代率为28%，按最高基数缴费的基础养老金替代率为70%。

一、"大账户"改革方案下养老金替代率变化

对于"大账户"改革办法，既然改革后统筹账户缴费比例为10%，相较于原来减少了37.5%，那么相应的基础养老金替代率就应为原来的62.5%。

改革之后，最低基数缴费的基础养老金替代率为$\frac{1+0.6}{2}\times 35\% \times 62.5\%=17.5\%$，账户养老金替代率为$0.6\times 0.06\times 35\div 20=6.3\%$，总替代率为23.8%，低于改革前；最高基数缴费的基础养老金替代率为$\frac{1+3}{2}\times 35\% \times 62.5\%=43.75\%$，账户养老金替代率为$3\times 0.06\times 35\div 20=31.5\%$，总替代率为75.25%，高于改革前。可以看出，缴费基数越低，改革之后的养老金待遇下降幅度就越大，如缴费指数为0.6形成的养老金待遇下降15%，缴费指数为1形成的养老金待遇下降7.5%，缴费指数为3形成的养老金待遇则上升7.5%。

二、"全账户"改革方案下养老金替代率变化

将16%的统筹账户缴费全部用于建立积累制的个人账户养老金，投资收益率等于工资增长率和贴现率，得到的结果，低收入者的养老金替代率降幅大于方案1，而高收入者的养老金替代率增幅大于方案1（参见表6-1）。例如，缴费指数为0.6的养老金替代率下降40%，低于方案1（下降15%）；缴费指数为3的养老金替代率上升20%，高于方案1（上升7.5%）。可见，积累制账户养老金的规模越大，对低收入者的养老金待遇越不利。

表6-1 "大账户""全账户"改革前后养老金待遇
（假定缴费年限35年，60岁退休，平均余命20年）

缴费指数	改革前的替代率	改革方案1 替代率	改革方案1 较改革前的变化	改革方案2 替代率	改革方案2 较改革前的变化
0.6	28.00%	23.80%	−15.00%	16.80%	−40.00%
0.8	31.50%	28.09%	−10.83%	22.40%	−28.89%
1	35.00%	32.38%	−7.50%	28.00%	−20.00%
1.5	43.75%	43.09%	−1.50%	42.00%	−4.00%
2	52.50%	53.81%	2.50%	56.00%	6.67%
2.5	61.25%	64.53%	5.36%	70.00%	14.29%
3	70.00%	75.25%	7.50%	84.00%	20.00%

即使现在一下子将缴费年限延长至40年，65岁退休，平均余命15年，改革之后，低收入者的养老金替代率仍然会下降（参见表6-2），只不过降幅低于表6-1的水平，而高收入者养老金替代率的增幅却高于表6-1。改革之后，对高收入者更有利。

综上，无论是"大账户"还是"全账户"改革，对中低收入者不利，对中高收入者有利，社会保险的再分配功能弱化直至消失。

表 6-2 "大账户""全账户"改革前后养老金待遇
(假定缴费年限 40 年,65 岁退休平均余命 15 年)

缴费指数	改革前的替代率	改革方案 1 替代率	改革方案 1 较改革前的变化	改革方案 2 替代率	改革方案 2 较改革前的变化
0.6	32.00%	29.60%	−7.50%	25.60%	−20.00%
0.8	36.00%	35.30%	−1.94%	34.13%	−5.19%
1	40.00%	41.00%	2.50%	42.67%	6.67%
1.5	50.00%	55.25%	10.50%	64.00%	28.00%
2	60.00%	69.50%	15.83%	85.33%	42.22%
2.5	70.00%	83.75%	19.64%	106.67%	52.38%
3	80.00%	98.00%	22.50%	128.00%	60.00%

三、对上述结果的讨论

第一个问题是:"大账户"或"全账户"改革具有可行性吗?答案是否定的,因为改革之后的当期企业职工基本养老金支付及制度转轨成本消化这两个问题对政府而言都非常棘手。

对于前者,城镇企业职工基本养老金的年度支出规模已经非常大,2019 年达到 34 655 亿元,占当年全国一般公共预算收入 190 382 亿元的 18.20%,实际上政府几乎不可能拿出如此多的财政收入来支持"全账户"改革。那么有没有可能进行"大账户"改革呢(从 16% 的缴费比例中拿出 6 个百分点建立积累制的账户养老金)?我们可以计算一下财政为此承担的压力。2019 年企业职工基本养老保险基金征缴收入 29 934 亿元,若扣除 37.5% 的缴费,相当于当期减少基金 11 225 亿元,若要满足当年养老金发放,财政补贴需要在原有 5 596 亿元的基础上追加 7 778 亿元,财政补贴总规模达到 13 374 亿元,占当年财政收入的 7.02%。而且这一比例在今后会逐年上升,这对财政而言同样是不可承受的。

对于后者,"转轨成本"是一个非常大的数字,尤其是以"老人"和"中人"未来的养老金支取来计算的话,财政是难以承受的。

第二个问题是:投资收益率能够赶上甚至超过工资增长率吗?前述改革方案下,积累制账户养老金的规模是以假设投资收益率等于工资增长率为前提的。如果投资收益率低于工资增长率,改革之后的养老金替代率会更低,对中低收入者更不利。从历史数据看,基金的平均投资收益率低于工资增长率;而从未来前景看,前文分析表明,投资收益率超过工资增长率的机会并不大。通过投机短时间内的投资收益率可能会超过工资增长率,但长期来看平均收益率超过工资增长率的可能性较小。

第三个问题是:积累制养老金制度的长寿风险如何化解?现收现付制下的长寿风险由基金来承担,而积累制养老金制度下的长寿风险却要由个人来承担。个人也可用积累的养老金去购买商业养老保险(生存年金),但商业养老保险公司考虑到利率风险会倾向于选择较大的年金除数,个人实际得到的养老金待遇会偏低。另外,现收现付制养老金制度具有抗通货膨胀的功能,当面对较高的通货膨胀时,这一制度优势就体现得更加明显。反观积累制养老金制度,基本不具备抗通货膨胀的功能,高通货膨胀反而会减少商业养老保险公司的年金支付压力,等于收了"通胀税",受损的却是个人。

第七章　共同富裕对中国养老金制度结构调整的要求

中国共产党旗帜鲜明地主张"共同富裕"。中国共产党十九届六中全会明确提出要"促进共同富裕""坚持在发展中保障和改善民生"。中国共产党第二十次全国代表大会更是将实现全体人民共同富裕作为中国式现代化的本质要求之一,"中国式现代化是全体人民共同富裕的现代化""共同富裕是中国特色社会主义的本质要求"。"社会主义与资本主义不同的特点就是共同富裕,不搞两极分化"[①]。共同富裕是生产力与生产关系的相互协调,是生产与分配的统一,是实现经济社会健康可持续发展的根本保证。共同富裕明确成为中国今后发展的国家战略目标,是解决中国社会主要矛盾的内在要求。共同富裕战略目标的提出,必将通过相应的战略方针、战略力量、战略措施对中国经济社

---

① 邓小平文选.第3卷.北京:人民出版社,1993:123.

会产生深远的影响。因此，养老金制度体系作为民生事业的重要组成部分，今后的发展方向必须符合共同富裕的要求，在促进共同富裕的同时实现自身更好的发展。

第一节 共同富裕与社会保险

一、共同富裕的内涵

共同富裕是一个包括政治、经济、社会、文化、生态在内的系统性、整体性概念。它的基础是经济性的，而在上层建筑中又具有很强的政治性。只有促进政治性与经济性相协调，共同富裕之路才能行稳致远。

（一）共同富裕的政治内涵

政治是政党、政府等治理国家的行为。中国政治生活最显著的特征是中国共产党的领导，而全心全意为人民服务是中国共产党的根本宗旨。中国共产党的入党誓词号召党员"为共产主义奋斗终身"。《中国共产党章程》规定中国共产党的最高理想和最终目标是实现共产主义。共产主义是共同富裕的最高境界。现阶段中国共产党正带领全体中国人民走中国特色社会主义发展道路，而"社会主义的本质，是解放生产力，发展生产力，消灭剥削，消除两极分化，最终达到共同富裕"[1]。能否不断促进和最终实现共同富裕是关系中国共产党的执政基础的重大政治课题。

共同富裕的思想在中国源远流长。《论语》提出的"不患寡而患不均，不患贫而患不安"的观念早已植根于中华民族的文化基因；《礼记·礼运》描绘的"天下大同"的世界图景，成为历代中华仁人志士

---

[1] 邓小平文选. 第3卷. 北京：人民出版社，1993：373.

接续奋斗的人生理想；朱熹阐释的"各得其分，上下相安"的施政理念至今仍闪烁着理性的光芒。共同富裕是民心所向。中国几千年的历史表明，任何朝代只要偏离了共同富裕的发展方向，致使社会贫富日益分化，无论国家机器的力量如何强大，最终都难逃覆灭的命运。

中国共产党要带领中国跳出"历史周期律"，就必须坚持以人民为中心的发展观，树立"江山就是人民，人民就是江山"① 的家国观念，"始终代表最广大人民根本利益，与人民休戚与共、生死相依，没有任何自己特殊的利益，从来不代表任何利益集团、任何权势团体、任何特权阶层的利益"②，在新的征程上，"着力解决发展不平衡不充分问题和人民群众急难愁盼问题，推动人的全面发展、全体人民共同富裕取得更为明显的实质性进展"③。促进全体人民共同富裕已经成为中国共产党的政治任务，贯穿于执政兴国全过程。

（二）共同富裕的经济内涵

共同富裕属于生产关系范畴，如果追求共同富裕阻碍了生产力的发展，那么共同富裕就丧失了必需的物质基础，计划经济时代平均主义之下"大锅饭"政策的失败殷鉴不远。只有生产力发展了，共同富裕才有坚实的物质基础，人类追求更加公平正义的社会制度才有可能性。在生产力落后的状态下一厢情愿地追求社会财富绝对公平地分配，最终结果只能是共同贫穷，反过来会削弱人们对公平正义的信念。

然而，近现代以来，人类社会找到的而且被历史证明了的能够促进生产力快速发展的就是市场经济制度。市场经济见之于资本主义，以至于"资产阶级在它的不到一百年的阶级统治中所创造的生产力，比过去一切世代创造的全部生产力还要多，还要大"④。中国自改革开

---

① 习近平. 在庆祝中国共产党成立100周年大会上的讲话. 人民日报, 2021-07-02.
② 习近平. 在庆祝中国共产党成立100周年大会上的讲话. 人民日报, 2021-07-02.
③ 习近平. 在庆祝中国共产党成立100周年大会上的讲话. 人民日报, 2021-07-02.
④ 马克思, 恩格斯. 共产党宣言. 北京: 人民出版社, 2014: 32.

放以来，中国特色社会主义市场经济极大地促进了生产力的发展，使中国用几十年的时间走完了发达国家几百年走过的工业化历程，创造了举世瞩目的中国奇迹。但市场经济有其内在属性，不因所在的社会政治制度不同而有本质的区别，资本就是市场经济区别于以往人类社会任何经济类型的本质属性。

资本（包括生产资本、金融资本和知识技术不断的资本化）在市场经济中的主导地位及对利润的无限追求决定了资本有机构成不断提高、资本所雇佣劳动的收入份额不断下降的趋势，而这最终将毁灭市场经济本身。西斯蒙第早就提出过警告，"真正的灾难绝不是由于机器的改进，而是由于我们对机器的产品所进行的不公平的分配"[1]。在榨干劳动者的最后一点剩余价值之后，资本终究也变得毫无经济价值。如果没有外力来纠正社会收入分配失衡的趋势，任由资本在国民经济领域横冲直撞，即使没有爆发社会大革命，"被剥夺者"没有联合起来去剥夺"剥夺者"，"剥夺者"也会与"被剥夺者"在经济停滞中同归于尽。

市场经济就是一个对立统一的矛盾体。"对立"是指市场经济通过竞争机制来追求效率，同时不断滋长分化社会的力量，即源于社会收入分化（包括资本与劳动收入分化和劳动者内部收入分化）的社会冲突和政治动荡；"统一"是指市场经济在其一手造成的两极分化的社会中无法存续，被迫要求社会"和解"，即资本与劳动、劳动者之间的"和解"，通过调整收入分配结构来延续市场经济的生命。

因此，政府通过干预社会收入分配，使劳动者获得比较公平的收入，在生产力比较发达的今天，对于消化生产力所创造的商品和劳务，保证经济健康运行具有重要的意义。

（三）共同富裕的精神含义

共同富裕不仅要体现在物质上，也要体现在精神上。

---

[1] 西斯蒙第. 政治经济学新原理. 北京：商务印书馆，2016：15.

"精神"指人的意识、思维活动和一般心理状态。人的精神追求从低到高，越低的精神追求越容易实现而越具有共性，越高的精神追求越难以达成而越具有个性。马斯洛将人的需求从低到高划分为生理需求、安全需求、社交需求、尊重需求和自我实现需求。除生理需求外，其他四种需求都可以列入精神需求的范畴，而其中的安全需求又是全部精神需求的基础，很难想象一个安全感都得不到满足的人会有多么强烈的意愿、毅力、能力和信心投身更高层次的精神追求。

人类进入现代社会之后，对安全感的需求来自对不确定性和风险的焦虑、担忧和恐惧。生老病死、"黑天鹅"、"灰犀牛"、近虑远忧、内忧外患、天灾人祸等不可控因素随时可能将人们置于泥淖之中而无力自拔。这是社会性问题，来源于马克思所说的资本主义条件下"人与人之间关系的异化"和霍布斯所说的人类自然状态下"一切人反对一切人的战争"。尽管个人迫于经济社会的无形压力而自觉地、无休止地"自我奴役""自我剥削"，但无论如何努力都无法解决风险和不确定性[1]，出路只有通过建立社会性制度来形成社会性力量，以分散风险、抵御灾难、和衷共济。最理想的状态是建立"自由人联合体"，"在那里，每个人的自由发展是一切人的自由发展的条件"。人只有处在这样的社会中，身心才是放松的，才能从焦虑、担忧、恐惧所带来的精神痛苦中解脱出来，人与人之间才有机会实现伦理、道德、审美、价值理想等不同精神层面的共鸣。

---

[1] 有人说，一个人的财富越多，它的安全感越强，这句话部分正确。财富越多，抵御经济风险的能力越强，安全感的确会增强，但这种增强是边际递减的，一个人永远不能百分之百解决风险，在不确定性面前更是无能为力。人们拼命赚钱，为的是增强自己对命运的掌控力，内心深处是在对抗风险和不确定性。富起来的人们不惜重金购买各类风险概率很小的商业保险，说明他们与中低收入者在安全感方面的差距要远小于在收入方面的差距，也需要通过社会性制度安排来解决（商业保险也属于较小范围的社会性制度）。没有这种分散风险的社会性制度安排，富人们也很可能会为哪怕几万分之一概率的风险杞人忧天，惶惶不可终日。

安全感如此重要，它已经上升为中国国家意志。中国共产党第十九次代表大会提出的奋斗目标是"不断满足人民日益增长的美好生活需要，不断促进社会公平正义，形成有效的社会治理、良好的社会秩序，使人民获得感、幸福感、安全感更加充实、更有保障、更可持续"①。而从获得感、幸福感、安全感三者的关系看，安全感是基础、是底线，安全感与幸福感之间具有更强的关联性。② 无论是获得感还是社会发展、民生改善、自我实现，其对幸福感的作用均受到安全感的影响。随着安全感的下降，获得感对幸福感的影响效果也会显著地降低。③

因此，不仅要通过发展经济、改善分配来提升全体国民在物质上的获得感，而且要通过管控风险、应对不确定性来提升全体国民在精神上的安全感，"两手抓，两手都要硬"。人们的安全感普遍得到满足之后，精神就会从"苦于物役"的束缚中解脱出来，以更加自由的姿态追求更高层次的精神境界。

二、社会保险促进共同富裕的逻辑

（一）社会保险促进共同富裕的时代背景

中国目前正在"以中国式现代化全面推进中华民族伟大复兴"。而实现高质量发展和实现全体人民共同富裕都是中国式现代化的本质要求。但当前中国高质量发展正面临着较为严峻的挑战。

自中国经济进入新常态以来，相继面临"三期叠加"（增长速度换

---

① 习近平. 决胜全面建成小康社会，夺取新时代中国特色社会主义伟大胜利——在中国共产党第十九次全国代表大会上的报告. 北京：人民出版社，2017：45.
② 王俊秀，刘晓柳. 现状、变化和相互关系：安全感、获得感与幸福感及其提升路径. 江苏社会科学，2019（1）：47.
③ 郑建君. 中国公民美好生活感知的测量与现状——兼论获得感、安全感与幸福感的关系. 政治学研究，2020（6）：103.

档期、结构调整阵痛期、前期刺激政策消化期）和"三重压力"（需求收缩、供给冲击、预期转弱）的严峻考验。中国经济发展所需的外部市场、资源能源、产业链供应链、科学技术等要素的风险和不确定性上升，经济结构供需矛盾日益突出。

（二）应对策略及共同富裕在其中的作用

解决经济结构供需矛盾、实现高质量发展的策略，就在于中国共产党二十大报告提出的"把实施扩大内需战略同深化供给侧结构性改革有机结合起来"，以及"加快构建以国内大循环为主体、国内国际双循环相互促进的新发展格局"。由此可见，实现高质量发展，一靠供给侧结构性改革，二靠扩大内需。就二者之间的关系而言，长期来看是供给创造需求，因而推动供给侧结构性改革是实现高质量发展的治本之策。但供给侧结构性改革所产生的投资需求，无论是生产公共产品的投资需求还是生产资本品、消费品的投资需求，都需要通过消费需求所实现的商品和劳务的"惊险一跃"来完成最终的价值转化，因此，需要一个不断巩固和发展壮大的中等收入群体。而中等收入群体规模也是衡量共同富裕程度的一个重要指标。作为重要的民生工程和社会稳定器，结构合理、功能完备的社会保障制度体系能够将市场经济下身份各异、彼此竞争的个体整合到统一的社会政策之下，不仅能够增强社会团结的力量，而且能够对经济社会发展产生积极影响。

三、社会养老保险促进共同富裕的机理

（一）社会养老保险的基本功能

社会养老保险可以在微观、中观、宏观三个层次调节收入分配。

1. 微观层次

微观上，通过"现收现付"的代际供养模式来实现工作人群与退休人群之间的收入再分配；通过在养老金待遇计发办法中引入公平因子来实现不同缴费水平的劳动者之间养老金权益的再分配；通过让企

业履行缴费义务来实现资本与劳动之间收入的再分配。

2. 中观层次

中观上,通过不断提高统筹层次最终实现全国统筹,而全国统筹对于促进共同富裕的作用主要是通过调剂地区之间的资金余缺来实现的,表现为直接的和间接的两个方面:直接的方面,一是通过调剂地区之间的基金余缺来保证全国范围内所有退休者的养老金按时足额发放,不再受当地缴费规模、财政能力的制约;二是使全国范围内下调缴费率成为可能(企业缴费率由20%下调至16%),使在面对疫情这样大的灾难时实施养老保险"减免缓"政策有了操作空间,从而有效减轻了企业负担,促进了就业,稳定了职工收入。间接的方面是,通过减轻困难地区财政在养老金上面的支出压力,可以释放出更多的财政资金用于地方的经济和民生建设,也可以促进就业,提高收入。

3. 宏观层次

宏观上,通过财政补贴,将养老金待遇调整与经济增长、工资增长、物价增长等指数挂钩的方式,让老年人适度分享经济增长成果。

以上这些都有助于巩固和提高中低收入者的养老金待遇水平,减少那些工作期间位列中等收入群体者在退休之后掉队的可能性,并使那些工作期间未进入中等收入群体者在退休之后有机会入列,对于共同富裕起直接的促进作用。

至于社会养老保险通过共同富裕间接地对于经济增长的影响,不能一概而论,需视具体情形来分析。在一个人口老龄化的社会中,社会保险通过再分配功能提高了老年群体的整体收入,而这些收入是更多地进行储蓄、还是更多地用于消费,受绝对收入水平、消费倾向、生活习惯、社会心理(如是否为下一代考虑)等因素影响,不是逻辑推演能得出的结果,而是现实选择的结果,这在不同的国家、一个国家在不同的经济发展时期是不同的。尽管如此,人们所作出的选择对于经济的影响却有逻辑性：多储蓄在资本短缺、供给不足的时期有利于促进投资，推动经济增长；而多消费在资本充裕、需求不足的时期有利于提高需求、减少库存、拉动投资，促进经济循环和经济增长。反之，多消费在资本短缺、供给不足的时期会引发通货膨胀，而多储蓄在资本充裕、需求不足的时期会促使通货紧缩，都会制约经济发展。总体上，中国居民有储蓄的传统，这对于支持中国经济实现自改革开放以来四十多年的高速增长是有积极作用的。但目前国际政治经济环境的深刻变化，以及中国经济进入新发展阶段后，需求不足，特别是消费需求不足，已经成为制约中国经济发展的主要问题之一。对此，国家需要鼓励老年人更多地消费，否则国民收入的一部分在老年人那里过多地沉淀下来，会影响经济循环。另外，社会养老保险只是为促进老年人消费做了收入上的准备，使老年人扩大消费成为可能，但要将可能变成现实，还有很多事情要做，其中重要的就是开发满足老年人需求的产品和服务。

(二) 社会养老保险稳定预期的经济促进功能

社会养老保险不仅可以在支持居民收入、巩固和扩大中等收入群体方面发挥积极作用，而且可以与其他社会保险一起通过对养老、医疗、失业、工伤等各种风险的有效管理来稳定和改善全社会的预期。预期管理是经济社会管理当中最重要的内容之一。稳定了预期，就注入了希望。良好的预期有利于增强企业对未来生产的信心、居民对未来生活的信心，而信心比黄金更珍贵，整个社会充斥昂扬向上的力量，企业和个人以更积极、更勇敢的姿态去创新和创造，企业更敢于投资，就业更充分，个人更敢于消费，社会消费需求在量上会扩张，在质上会提升，从而能够不断消化供给侧结构性改革所释放的生产力，共同促进经济社会高质量发展和共同富裕。

另外，我国老年人口占比呈快速上升态势，第七次人口普查数据显示我国 60 岁及以上人口的比重已经达到 18.70%。人多则势众，老年人的收入水平不仅对中等收入群体的规模有重要影响，而且对社会总需求及需求结构的影响也将越来越大。因此必须在战略层面充分认识发展社会保障事业对于促进经济社会高质量发展的重要价值。

第二节 对共同富裕经济背景的理解

上述逻辑推演表明，中国式现代化将赋予共同富裕及社会保险更重要的地位和作用。但逻辑推演有没有事实基础呢？这就需要深刻理解当前中国经济问题，包括：中国政府的经济改革策略为什么是供给侧结构性改革，而不是传统的总量性调控；供给侧结构性改革与以扩大内需为主的需求侧调整又是什么样的关系；等等。只有厘清这些问题，才能正确把握社会保险对于共同富裕、经济发展能够起到的作用。本书将尝试给出系统性的解释。

一、中国经济的结构性矛盾

研究中国经济问题，首先要弄清楚经济状况。将供给分为"供给不足""供给过剩""供给极限"三种状态，将需求分为"需求不足""需求过度""需求极限"三种状态，理论上可以组合成 9 种供需格局（参见表 7-1），其中状态 1 和状态 5 现实中不可能存在。与此表相对照，中国经济目前可能处于状态 4 或状态 6，即"需求不足、供给过剩"或者"需求极限，供给过剩"。需要解释的是，状态 6 的"需求极限、供给过剩"是指对现有商品和服务的有效需求都已经饱和，分解到每一个收入层级和消费层级，也可能是结构式的，即对各消费层级而言，该收入层级人群的需求饱和，该层级的供给过剩。

表 7-1 供需结构状态分类

供给状态	需求状态		
	需求不足	需求过度	需求极限
供给不足	状态 1 ×	状态 2 通胀;需要增加供给	状态 3 通胀;需要增加供给
供给过剩	状态 4 通缩;需要刺激需求,同时调整供给结构	状态 5 ×	状态 6 需要调整供给结构,以创造新需求
供给极限	状态 7 通缩;需要刺激需求	状态 8 滞胀;需要降低需求,并利用技术创新拓展生产可能性边界	状态 9 "零增长"(简单再生产经济);需要技术创新来产生新的供给,创造新的需求

当前中国经济的主要矛盾是"需求不足、供给过剩"。"需求不足、供给过剩"表现为量化宽松货币政策下,普通商品的价格保持稳定,同时大量社会资金缺乏合适的投资机会,面临"资产荒"。

2011—2020 年,货币供应量 M2、CPI、PPI 的平均增幅分别为 10.28%、2.51% 和 0.16%,M2 的增速远远高于 CPI 和 PPI 增速(参见图 7-1)。其间,PPI 有 6 个年份负增长。CPI 和 PPI 的增长情况表明中国经济面临通缩压力,抑制了实体经济的投资回报率,降低了实体经济对资本的吸引力。既然实体经济缺乏投资机会,那么量化宽松货币政策所造成的充裕的市场流动性必然要在虚拟经济当中寻找机会,于是大量货币竞相追逐稀缺的优质资产,推高其股票市盈率,降低其债券收益率,将其变得不那么优质,从而出现所谓的"资产荒",即能够提供稳定、安全且较高收益率的优质资产越来越少。

CPI 和 PPI 低位运行,说明相对于需求而言,供给是充足的甚至过剩。对于需求不足本身而言,总体反映人们对现有价格水平下的商品和服务缺乏消费能力,但存在两种可能:一种可能是,不同收入水平的人群对其所处消费层级的商品和服务缺乏消费能力;另一种可能

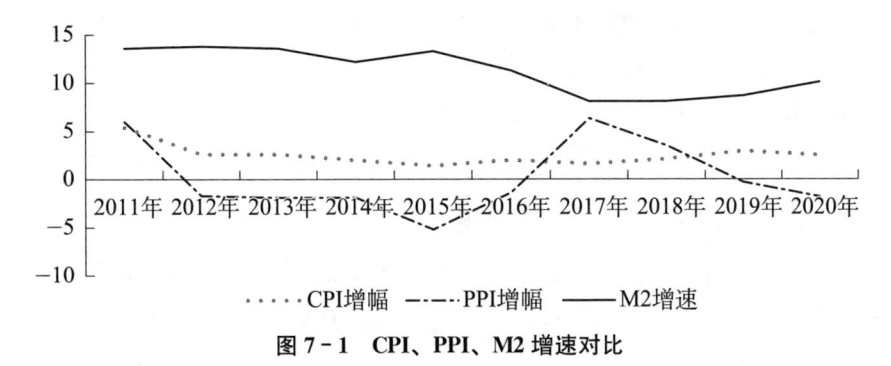

图 7-1 CPI、PPI、M2 增速对比

资料来源：国家统计局网站。

是，不同收入水平的人群在各自消费层级的需求已经饱和，但受收入水平制约，还无法跃升至更高的消费层级，"能买的都已经买了，想买的还没有能力买"，出现下一收入层级的人群对上一消费层级的商品和服务需求不足。由于供给层级与需求能力错位，每一消费层级的供给都显得过剩。以此类推，对于收入和财富超过一定水平的人群而言，现有的最高层级的商品和服务都已经得到满足，他们需要的是全新的商品和服务的供给，对于他们强大的潜在需求而言，新商品和服务的供给是不足的。现有的每一个消费层级的供给过剩，潜在的商品和服务的供给也还没有出现。这就是出现"资产荒"的主要原因。

二、"总量式"经济刺激政策的局限性

中国原本通过出口可以消化一部分国内产能。但受当前国际经济问题政治化、贸易保护主义的影响，出口受阻，原来出口的一部分产能要在国内消化，供给的总量矛盾和结构性矛盾更加突出，迫使中国经济展开新的"双循环"模式（其中又以内循环为主），内需的重要性被提升到了新的高度。

在上述情况下，如果采取积极财政政策，不仅会挤出私人投资，而且现在的投资在将来都会形成产能，将来供给更加过剩，供需矛盾

更加突出，政府就要以更大的财政支出来消化扩大了的产能。同时政府债务规模也有上限，政府支出不可能无限增加，终有一天财政支出会走到尽头。

如果采取量化宽松货币政策，采用大水漫灌的方式来刺激经济，企业不同的心理及应对方式会出现以下三种可能的结果。

第一种可能是，企业由于生产和销售不景气而不看好产品的市场前景，不愿意对已经过剩的产品追加投资，从而将低价获得的资金在金融市场上"套利"。

第二种可能是，企业在"赢者通吃"的心理作用下，为抢占市场而扩大生产规模，使产能进一步过剩，加大供需矛盾。

第三种可能是，企业看到了通过技术进步、加强管理等措施提升产品质量、降低产品价格的潜力，以及创造更大产品需求空间的可能性，于是就有动机利用充裕的低价资金进行技术创新、流程优化，提高劳动生产率，提升产品质量并尽可能降低产品价格。对于国内外已经有的技术，可以引进模仿吸收，相关企业有投资的积极性；但对于需要自主创新、基础创新的技术，以及那些国外封锁的关键技术，由于创新具有不确定性和系统性（单个企业的创新能力受人才、基础研究、配套企业创新能力等因素的制约，单个企业要克服这些问题要付出很大的成本，甚至是不可能的，只有那些实力雄厚的大企业会多一点机会），而且生产成本受资源、能源、生态、政治等诸多因素制约，技术创新降低产品价格的能力也是有限的，除非产品品质得到较大提升能刺激中高收入者消费，或者产品价格能够降到中低收入人群可接受的范围，否则企业将面临创新失败的风险。而且，即使投资成功，激烈的同业竞争也会压缩利润空间，那么，对比付出辛苦、承受风险换来的利润率与在金融市场"套利"所得的利润率，如果预期前者低于后者，企业也不会真正采取行动。特别是在包括中国在内的全球经济"脱实向虚"的大背景下，企业倾向于经营资本而不是经营实业，惯于套利而非创新。

三、中国经济增长的道路选择：调整供给结构

从产品体系看，可分为原产品体系和潜在的新产品体系，原产品体系的扩张，既表现在规模上的扩张，又表现在品质上的提升。前者需要加大生产要素投入规模，后者需要提升生产要素结构特别是要提升技术创新能力，这些都可以实现经济增长。潜在的新产品体系的构建，从研发、生产到市场化都需要大量投资，也将刺激新的需求，这也可以推动经济增长。每一消费层级产品的供给过剩，仅指在既定品质和价格水平下的产品和服务供给过剩，而提升产品和服务的品质能够刺激中高收入人群的需求，降低产品价格能够刺激中低收入者的需求，若能在提升品质的同时降低价格就更好了。

当前中国经济的主要问题，从产品体系看，表现为原产品体系的结构性矛盾和新产品体系供给不足。原产品体系的结构性矛盾表现为，规模化扩张过度和低水平供给过剩，品质化提升不足和高水平供给不足。中国是世界上目前工业门类最齐全的国家，但很多产品质量仍比较粗糙，产品质量不及德国、日本的同类产品，产品附加值低，甚至连普通的日用品如电饭锅、马桶盖也要国人从日本抢购，吹风机国人也是对德国的品牌情有独钟。而且很多"卡脖子"技术（其中很多是"小精专"技术）决定某些产品的国内供给缺失，典型如芯片产业，工业母机一直依赖进口，现在虽然国内也开始研制芯片制造母机，但精度远低于国际先进水平。而提升制造水平是一个长期的系统工程，例如研发需要基础科学和人才，主要依靠教育来培养，国家就要抑制过度资本化的教育培训产业，增加对公共教育的投入；一个企业尤其头部企业的创新，需要配套企业同步创新，形成集群式创新，等等。在提升中国经济质量、产品质量的供给侧结构性改革的系统工程当中，

经济政策应该是结构化的,做到长短结合、新旧互补。概言之,一方面,立足中长期,引导社会资金投资新技术、新产品,培育新的经济增长点,形成"新供给"。另一方面,短期内,要挖掘中低收入者的消费潜力,扩大政府购买和投资规模,促进"旧供给"的规模扩张和结构升级。在此过程中,政府公共投资和企业私人投资都有许多机会,人力资本、技术资本、生产资本提升的过程也就是经济增长的过程。

四、调整供给结构的基础:社会有潜在消费升级的愿望和能力

中国共产党第十九次全国代表大会明确指出:"中国特色社会主义进入新时代,我国社会主要矛盾已经转化为人民日益增长的美好生活需要和不平衡不充分的发展之间的矛盾。"这个论断表明,随着人们收入水平的整体提高,人们对物质文化生活的要求已经从"有"走向"好",相应地社会产品和服务的供给质量也要从"低"走向"高"。这是供给结构调整最坚实的基础。

但在市场经济条件下,各国收入差距都呈扩大趋势。中国的贫富差距问题也比较严重。作为中国特色社会主义国家,中国目前正在积极地调整收入和财富分配结构,促进社会公平正义和共同富裕。但目前贫富差距较大是一个客观事实,中国应采取既削弱又利用的办法来使之为供给结构调整服务。

为什么可以利用它呢?因为中高收入者对新产品体系和原有产品体系品质提升具有较强的投资需求和消费需求。无论是从"零"到"1"的创新,还是"1"之后的创新,一是需要有人投资,二是创新成果需要有人购买。从前者看,占有社会财富多数的少数人不仅自身有经济实力,而且具有通过企业等社会组织撬动更多经济资源的能力,面对严重的"资产荒",他们迫切需要为资本寻找获利渠道。目前中国

需要做的是通过政策激励将他们从"套利"的投机活动引到创造性的生产活动中来,以推动供给结构调整。从后者看,新生事物以及更高质量的产品和服务虽然一开始价格较贵,但比较符合中高收入者的消费需求,这一群体的消费能力及投资能力可以为企业不断改进产品提供资金支持,为产品和服务走向市场化、大众化赢得时间。

为什么要削弱它呢?因为在贫富差距比较大的情况下,现有收入格局无法消化原有产品体系过剩的产能,不仅企业预期不好、不愿扩大投资,短期经济会进入向下的累积型循环过程;而且企业由于会出现大量不良资产导致信用评级降低,获得后续创新所需资金的能力下降,也无法很好地投资未来,长期经济增长也缺乏动力。原有产品体系对应的是存量经济,可称之为"旧供给"之下的"旧经济",而创新之后的新产品体系和原有产品体系升级所形成的"新供给"对应的则是"新经济"。目前中国"旧经济"的规模已经是一个天文数字(超过100万亿元),对于经济增长而言,"旧经济"的基数之大、权重之重、对就业和收入的现时影响之深,短期内"新经济"根本无法替代,因为"旧经济"较小的增长率所带来的增长也远远超过"新经济"较高的增长率所带来的增长。

从"新经济"与"旧经济"二者的关系看,"新经济"是未来,但其产生和发展需要"旧经济"为之争取时间、提供资金,需要用"旧经济"发展的空间为"新经济"发展换取时间,因为"新经济"需要经历创新、研发、生产、市场化等过程,这需要资金和时间,也面临风险。否则,"旧经济"破裂了,企业现金流断裂了,企业信用评级降低了甚至破产了,失业增加了,中高收入者的财富缩水了,社会不稳定了,即使有了新的投资机会,社会也无力组织投资,即使勉力完成投资,财富缩水的中高收入者也难以成为首批"吃螃蟹"的人群,狭小的市场规模注定"新供给"无利可图,甚至企业预见此番前景后根本不会投资。

因此，短期内，在"新经济"尚未展开的情况下，扩大"旧经济"规模对于经济增长至关重要。而扩大"旧经济"规模，则要充分释放中低收入者的消费潜力，让更多的人在原产品体系下实现消费升级，比如从购买"山寨"产品转向购买正规产品，从只能购买小件商品到可以购买大件商品，进而刺激社会投资，提高生产率，促进经济增长。而且由于中低收入者的边际消费倾向较大，所引起的"投资乘数"较大，对经济增长的作用较大。而影响中低收入者消费意愿的主要是收入水平，另外也包括应对风险的预防性储蓄和强制储蓄等因素。因此，改善收入分配结构、提高中低收入者的收入水平对于促进"旧经济"增长具有重要作用。

第三节　养老金制度对国民收入的调节

通过上述分析可知，共同富裕、经济发展都要求中国调整收入分配结构以刺激需求、扩大内需，而养老金制度正可以通过改善收入分配结构来对中国经济发展产生积极影响。养老金制度对国民收入的调节主要体现在基本养老保险上，具体是通过养老金计发办法、企业缴费和财政补贴等方式来实现。企业年金也有收入再分配的功能，企业向职工年金账户缴费是一种让利行为，体现资本向劳动转移收入。而个人养老金的筹资完全来自个人缴费，无任何形式的转移支付。

一、基本养老金制度的收入再分配功能

中国城镇职工基本养老保险采取"统账结合"制度模式。其中，统筹账户用于支付基础养老金和"中人"的过渡性养老金；个人账户用于支付个人账户养老金。用人单位按职工工资的一定比例向统筹账

户缴费，个人按自己工资的一定比例向个人账户缴费。

基础养老金的再分配性质体现在初始计发办法之中，公式如下：

$$P_{基础} = W \times \frac{(1+f)}{2} \times T \times 1\%$$

其中：

$P_{基础}$：基础养老金；T：缴费年限；

W：社会平均工资；f：缴费工资指数。

缴费工资指数是职工历年实际缴费工资与社会平均工资之比的平均值。缴费工资指数低于1的人能够获得来自缴费指数高于1的人养老金权益再分配（参见表7-2）。

表7-2 基础养老金的再分配效应

缴费工资相对水平	基础养老金待遇相对水平
0.6	0.8
0.7	0.85
0.8	0.9
0.9	0.95
1	1
1.5	1.25
2	1.5
2.5	1.75
3	2

如果甲、乙二人的缴费工资分别为社会平均工资的60%和3倍，即是说乙的在职工资收入是甲的5倍。在经历养老金权益再分配之后，甲、乙二人用于计算基础养老金待遇的指数分别为0.8和2，即是说乙的退休金是甲的2.5倍。这意味着通过基础养老金这项制度安排，甲、乙二人退休前后的收入差距缩小了一半。

目前基础养老金兼顾效率与公平，二者各被赋予50%的权重，即：$\frac{1+f}{2}=0.5+0.5f=a+bf$。如果想提高再分配力度，可使$a$大于

0.5、b 小于 0.5。如果想更多地体现效率，可使 a 小于 0.5、b 大于 0.5。

需要说明的是，完整的基础养老金计发办法包括初始养老金计发办法及后续的养老金待遇调整规则。目前中国的基础养老金待遇调整采用"定额调整＋挂钩调整＋倾斜调整"模式，定额调整体现公平，每个退休人员都增加相同额度的养老金；挂钩调整体现效率，按退休人员个人的基础养老金的一定比例增加养老金，以激励人们在职期间多缴费、长缴费；倾斜调整主要针对高龄退休人员、艰苦边远地区人员等群体予以照顾。挂钩调整会在某种程度上扩大退休人员之间的养老金待遇差距。

我们可以来模拟分析一下。假设 10 个参保人，缴费工资指数分别为 0.6、0.8、1、1.2、1.5、1.8、2、2.5、2.8、3，缴费工资指数为 1 的参保人退休时的基础养老金待遇为 2 500 元；退休后余命 20 年，每年养老金平均增幅为 5%。基础养老金待遇调整采取"定额调整＋比例调整"（这里不考虑倾斜调整）的办法，分别假设定额调整资金占整个待遇调整资金总额的比重分别为 0、30%、50%、80%、100%，以观察其对养老金待遇差距变化的影响。

我们来观察按最高缴费指数（3）参保人甲与按最低缴费指数（0.6）参保人乙的相对养老金待遇水平如何随定额调整与比例调整权重分配的变化而变化。当定额调整权重为 0、全部采用比例调整时，甲与乙的养老金之比始终为 2.5，但二者的养老金差距却由退休时的 3 000 元增加到 20 年后的 7 960 元。只要定额调整的权重大于 0，甲与乙的养老金之比就不是一个固定的值，而是会随着时间的推移而下降，当全部采用定额调整时，这一比值下降得最多，从退休时的 2.5 下降到 20 年后的 1.39，降幅达 44.4%。同时甲、乙二人的养老金差距将始终保持在 3 000 元的水平（参见图 7-1）。

如果采取折中的办法，将定额调整的权重定为 0.5，那么 20 年后甲、乙二人的养老金分别为 11 643 元和 6 727 元。虽然绝对养老金待遇差由 3 000 元增加到 4 916 元，但甲、乙养老金的比值却由 2.5 下降到 1.73，降幅达到 30.8%（参见图 7-2）。

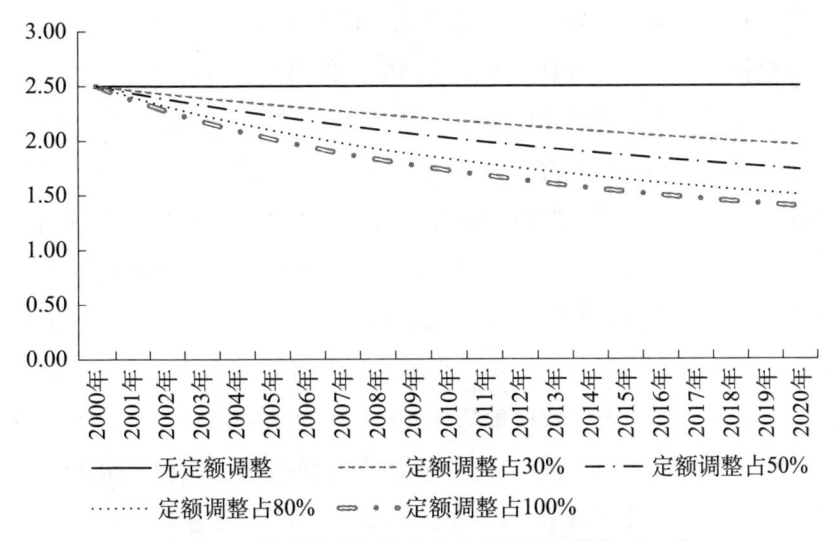

图 7-1 最高缴费指数（3）与最低缴费指数（0.6）相对养老金待遇差距变化情况

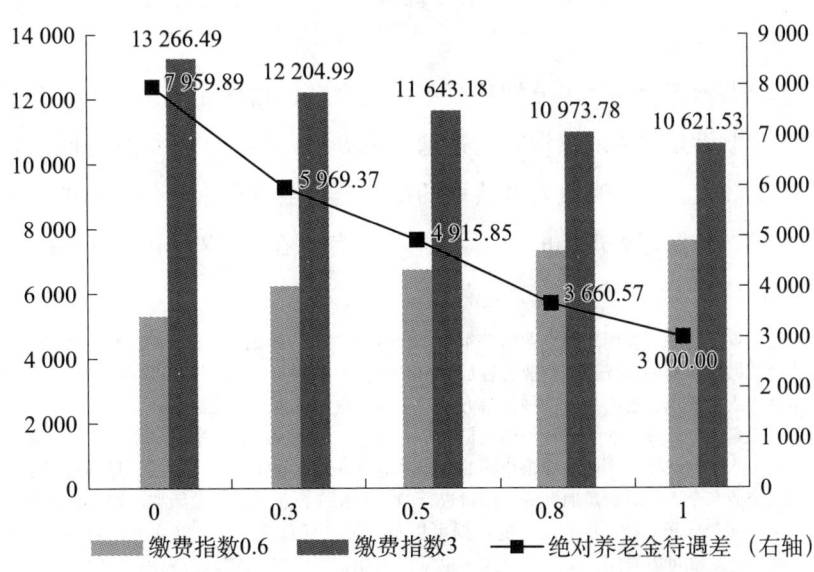

图 7-2 最高缴费指数（3）与最低缴费指数（0.6）20 年后的养老金待遇差

可见，如果要减少退休人员之间的绝对养老金差距，那就需要提高定额调整的权重，相应地降低比例调整的权重。如果要百分百地体现公平，则全部采用定额调整的办法。随着年复一年地的定额调整，养老金待遇增长部分占总养老金待遇的比例不断上升，相应地初始养老金占总养老金待遇的比例不断下降，退休人员之间的相对养老金待遇差距逐步缩小，绝对养老金待遇差距始终保持在退休时点的水平。当然，只讲公平不讲效率的做法并不可取，这会导致员工收入较高的企业不愿如实缴费，只要有可能，这些企业都会选择按最低缴费水平缴费。① 虽然社会养老保险是强制缴费的，但如果这些企业思想上抵触、行动上弄虚作假，由此将产生巨大的监督管理成本。因此，公平因素与效率因素二者之间权重的分配要以多数人能够接受为宜，并且要考虑影响社会养老保险基金征缴效率的管理能力和技术水平。在管理能力和技术水平不能如实核定参保人的缴费义务时，不能一厢情愿地过度强化养老金待遇调整的公平因素。另外，在确定公平因素与效率因素的权重时，要使得高收入者的养老金待遇增长率不低于通货膨胀率。

公共养老金制度再分配功能不足的问题也出现在美国。美国公共养老金制度虽然采取累退式的待遇计发办法，但由于最终待遇同工作期间的收入挂钩，高收入者获取的绝对养老金待遇水平仍是高的。根据美国社会保障管理局的数据，到 2024 年，在 70 岁领取待遇且有 35

---

① 这里有一个如何理解企业向基本养老保险统筹账户缴费的问题。在以就业和工资收入为企业缴费依据的情况下，企业普遍认为自己是在为本企业员工缴纳养老保险费，所需费用被计入人工成本。还有另外一种理解方式，企业缴费体现企业的社会责任，雇员数量和工资水平仅是用以计算企业缴费规模的依据；个人向个人账户的缴费水平，是用以计算个人基础养老金水平的依据。企业缴费跟个人的基础养老金待遇之间并无逻辑关系，只不过目前政策规定企业和个人的缴费是捆绑的、同时进行的，不允许企业职工单独缴费。如果将企业缴费和个人缴费分开来看，企业缴费的依据可以是员工工资总额，也可以是企业利润的一部分，换言之，既可以采用"费"的方式，也可以采用"税"的方式，而采用"税"的方式，将更能适应技术进步对生产要素结构、进而对收入分配结构变革的影响。

个收入年度进行最高缴费的个人将获得每月 4 873 美元的养老金收入。有人称"它不是防止贫困所必须的"[①]。言外之意,美国的公共养老金制度向高收入者提供了不必要的、慷慨的养老金收入,增加了不必要的制度运行成本,尽管高收入者的缴费水平也是高的。而若采取养老金待遇水平与缴费收入无关的固定养老金待遇,有可能在降低高收入者的养老金待遇、提高低收入者的养老金待遇的同时,降低制度运行成本,减轻基金收支压力,增强财务的可持续性。

二、企业缴费是资本向劳动让利的行为

在社会养老保险和企业年金诞生之前,企业主支付的薪酬主要解决雇员当前的生活开支,并不考虑职工退休后的生计问题。社会养老保险和企业年金产生之后,整体上看,企业主不仅要向在职职工支付薪酬,还要以"现收现付"的方式向退休职工支付养老金,同时还要向职工的企业年金账户缴费以帮助员工积累养老资金。企业主的开支由一笔变为三笔,这表明社会养老保险制度和企业年金制度加大了资本向劳动的转移支付力度,这对于纠正资本与劳动收入结构失衡具有重要的作用。

但如前所述,目前绝大多数企业没有建立企业年金计划,这意味着通过企业年金实现资本向劳动让利的行为不具有普遍性,因此企业年金调节资本与劳动收入结构的范围有限,而且会扩大有企业年金的退休职工和无企业年金的退休职工之间总的养老金收入差距。而且从退休后的收入来源看,绝大多数退休职工的收入主要来自基本养老

---

① 罗米娜·博恰. 社会保障向最高收入者支付过多福利:英国比较,(2024 - 02 - 19)[2024 - 03 - 21]. 新浪财经网站, https: // finance. sina. com. cn/wm/2024 - 02 - 19/doc-inaipvpk8183243. shtml.

金。如果仅从收入水平看而不考虑退休职工支出强度的变化①，基本养老金的收入水平会让他们当中的一部分人进入不了中等收入群体，一些退休之前尚处于中等收入群体之列的人也可能会滑出中等收入群体。如果退休人群当中不在中等收入之列的人数占比较大，随着人口老龄化的发展，将会对国家的中等收入群体规模产生较大的影响，进而影响需求侧结构调整和供给侧结构性改革。

三、企业年金制度具有局部的收入再分配功能

职工的企业年金账户的缴费资金来自两部分：一部分是职工个人的缴费，另一部分是企业的缴费。企业缴费总额是职工工资总额的一定比例（目前这个比例上限是8%，其中5%的部分享受税收优惠政策），这个额度要在参加了企业年金计划的员工之间进行分配，分配方案是企业与工会或职工代表通过集体协商确定的，或是提交职工大会或职工代表大会讨论通过的（针对国有及国有控股企业）。分配方案要想顺利获得通过，或多或少都要考虑公平因素。完全追求公平的分配办法是平均分配，所有职工获得等额的资金；完全追求效率的分配办法是以职工个人的工资为权重，工资水平越高的职工所获得的资金越多。折中的办法是将企业缴纳的资金按一定的比例分成两部分②：一部分采取平均分配的办法，另一部分采取以职工个人工资为权重的分

---

① 退休职工与在职职工相比，买房、抚养子女、赡养老人等支出会减少，再加上医疗保险能解决灾难性医疗支出，因此以一个比在职中等收入者更低的收入就可以维持与在职中等收入者同样的生活水平。通常人们认为退休后收入是退休前收入的70%~75%比较合适。按目前基本养老金计发办法，一个"标准人"，即以社会平均工资为基数连续缴费35年，个人养老金投资收益率等于工资增长率，其退休时养老金收入是其退休前收入的近60%。这是比较理想的情况，如果缴费年限比较短、投资收益率比较低，基本养老金的替代率将更低。因此，此人有可能滑出中等收入群体，即使仍在中等收入群体之列，他也会向下限的方向滑动。

② 如果考虑公平因素多一些，采用平均分配办法的资金占比可超过50%。如果考虑效率因素多一些，采用平均分配办法的资金占比可超过50%。

配办法。

对于后一种分配办法而言，也有调整的空间。工资通常包括基本工资与绩效工资两部分。职工之间基本工资的差距要小于绩效工资的差距，也小于工资总额的差距。因此，以基本工资为权重比以工资总额为权重更具公平性。

一名企业职工完整的薪酬应包括基础薪酬、年度绩效薪酬、中长期激励性薪酬（股权、期权、分红等）和福利保障性薪酬四个部分，企业年金就属于福利保障性薪酬。其中前三类薪酬与员工工作期间的效率充分挂钩，多劳多得，能者多得，第四类福利保障性薪酬应更多地体现公平，至少应减弱效率因素的影响。因此，以基本工资为权重的分配办法更具合理性。

四、财政补贴是普遍而广泛的转移支付

财政补贴是社会养老保险制度重要的筹资来源。这是由于人口老龄化导致的社会养老保险制度抚养比（在职职工人数与退休职工人数之比）下降，技术进步等因素导致的劳动者收入占比下降，现收现付的社会养老保险基金收支矛盾日渐突出，很多国家不得不通过财政补贴来维持制度正常运行。如德国财政补贴占社会养老保险筹资的比重已经由1991年的26.5%增加到2017年的33.4%。[1] 2021年我国财政对基本养老保险的补贴占GDP的比重为1.4%，而德国已经达到2.5%（考虑人口抚养比因素后差距会缩小）。因此将来仍可以适度提高财政补贴水平。

---

[1] 笔者2018年赴德国考察时，德国联邦劳动和社会事务部提供的数据。除了增加财政补贴外，德国社会养老保险的替代率也呈下降态势，从1972年的72%、1990年的55%下降到2017年的48.1%。据德国方面介绍，到2030年时，替代率将降低到43%。德国政府计划在2030年前将社会养老保险缴费率控制在22%以内，若不下调替代率，德国财政补贴占社会养老保险筹资的比重将很难稳定在30%左右。

财政来源于税收，基本养老保险覆盖全民。因此财政向基本养老保险的投入是普遍而广泛的转移支付，相当于征收了一笔养老保险税。而从我国的税源结构看，个人所得税和消费税占比较低，国内增值税和企业所得税是主体税（参见图7-3）。这也意味着，财政用于基本养老保险的补贴主要来自资本方面，总体上是资本向劳动转移的收入。

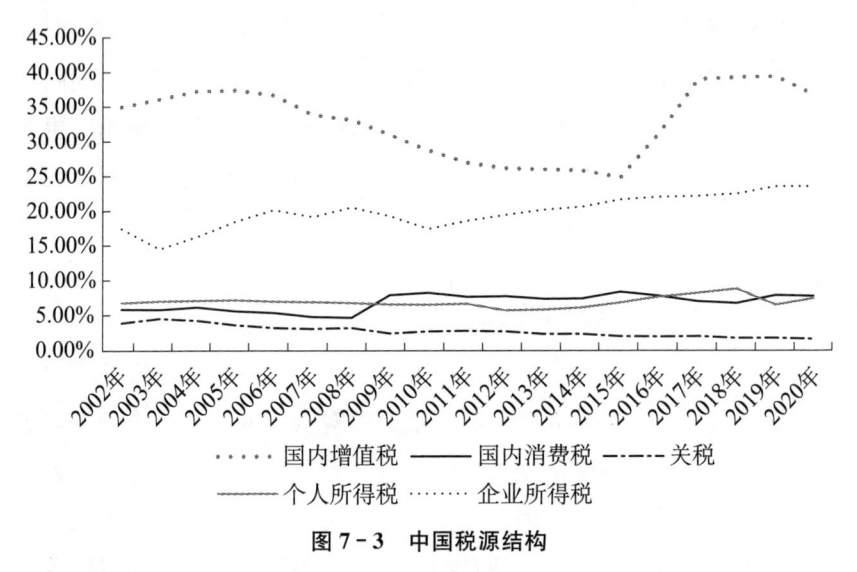

图 7-3 中国税源结构

资料来源：国家统计局网站。

第四节 社会保障、储蓄、消费与经济发展

中国当前的经济不仅需要投资，更需要释放中低收入者的消费意愿和能力来为之提供必要的支撑。在出口受阻、经济内卷的趋势下，一部分出口产能也需要在国内消化，于是消费的地位就更加突出。这体现在构建新发展格局上，要"增强消费对经济发展的基础性作用，增强投资对优化供给结构的关键性作用，强化进出口对经济发展的支

撑作用"①。拉动经济增长的三驾马车的次序由"投资、消费、进出口"变为"消费、投资、进出口"。

其实，消费的重要性从2008年美国次贷危机之后就逐渐显现。美国次贷危机最终引发全球经济危机，中国出口受阻。为化解这一危机，中国开展了规模空前的"家电下乡"运动。正是靠挖掘农村消费潜力形成的规模巨大的新增消费近乎完美地化解了一场经济危机，并带动基础设施投资，使中国经济继续保持强劲增长势头。从2010年至2021年的12年间，仅在2020年，消费对GDP的贡献低于投资（参见图7-4）。

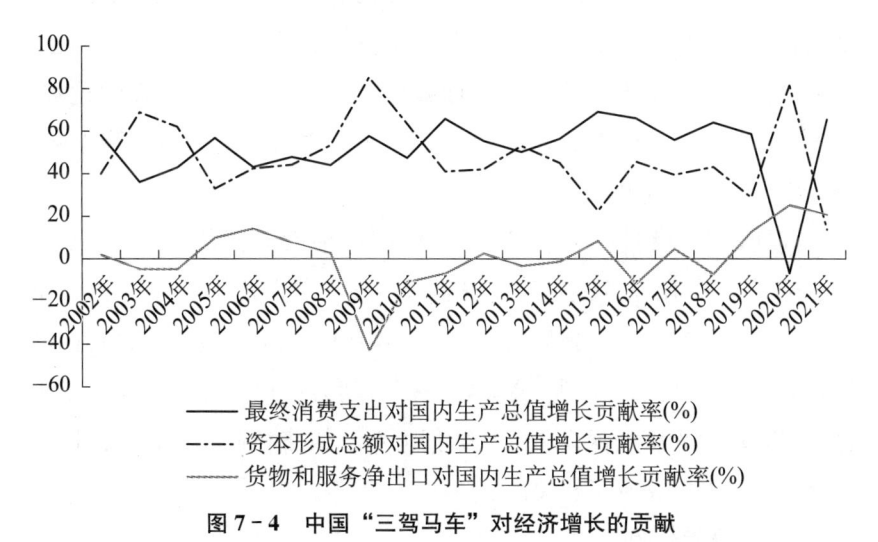

图7-4 中国"三驾马车"对经济增长的贡献

数据来源：国家统计局网站。

而养老金制度体系对储蓄与消费都有影响，公共养老金利于消费，私人养老金利于储蓄，按理应强化至少不弱化公共养老金制度以发挥其利于消费的作用。但美联储前主席格林斯潘在《财经》2020年年会上指出：由于人口老龄化，美国、英国等国家社会福利支出显著增长，

---

① 何立峰. 深入学习贯彻习近平经济思想. 人民日报, 2022-06-22: 08.

挤压了国内储蓄的空间，进而挤出了投资，而投资是生产力增长的主要决定性因素。他声称中国也在经历同样的事情。言外之意，中国也应该控制社会福利支出规模及增长速度。鉴于此，有必要分析包括公共养老金在内的社会保障支出对储蓄、消费进而对经济增长的影响。

一、国民储蓄率及结构变化

（一）储蓄率与人口结构

国民储蓄率是指国民储蓄与GDP之比值，衡量一个国家或地区总的储蓄水平。国民储蓄是GDP扣除消费之后的余额，包括居民储蓄、企业储蓄和政府储蓄。中国国民储蓄率经历了一个先升后降的过程：2002—2011年，由37.32%上升到46.9%；之后，整体呈下降态势，至2019年降为43.05%。

同期，人口结构变化趋势与国民储蓄率大体同步：2002—2010年，劳动力占比从70.30%上升到74.53%；之后，逐年下降，至2019年降为70.60%（参见图7-5）。2010年被称为中国"人口红利"的拐点，之后"人口红利"逐渐消失。劳动力占比下降部分反映了中国人口老龄化程度加深。单纯从数据上看，如格林斯潘所言，国民储蓄率与人口老龄化有正相关性。

（二）储蓄结构

我国国民总储蓄当中，居民储蓄占比由2000年55.89%下降到2004年的45.11%，之后大致呈稳中有升态势，至2019年达到47.83%。政府储蓄占比由2000年的-3.64%上升到2012年的11.66%，之后回落到2019年的2.30%。非金融企业储蓄占比由2000年46.35%下降到2012年的30.76%，之后逐渐上升到2019年的43.69%。金融企业储蓄占比由2000年的1.4%上升2017年的9.06%，之后回落到2019年的6.18%（参见图7-6）。

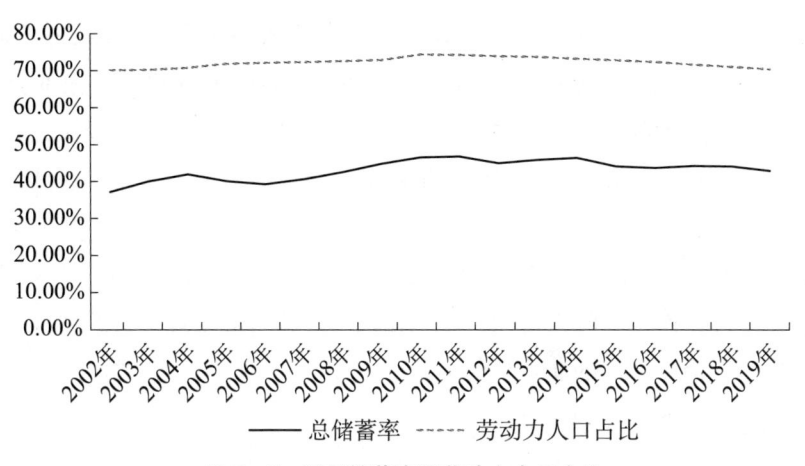

第七章　共同富裕对中国养老金制度结构调整的要求

图 7-5　国民储蓄率及劳动力人口占比

资料来源：国家统计局网站。

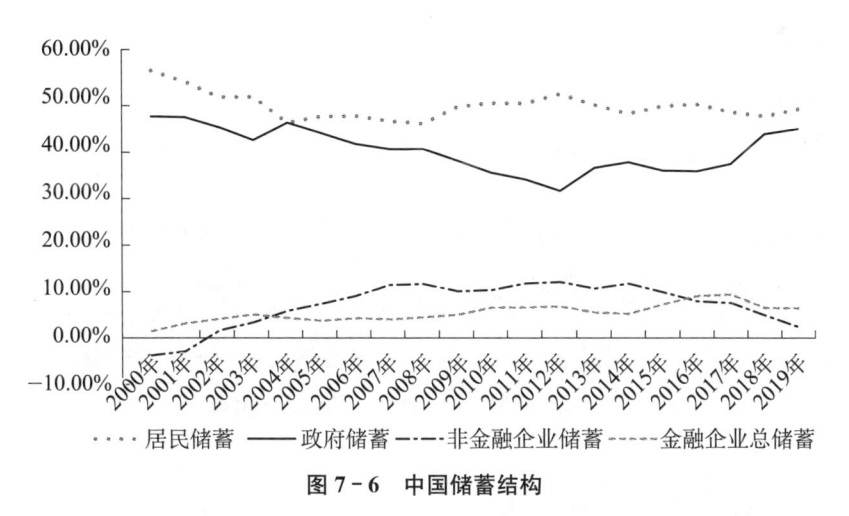

图 7-6　中国储蓄结构

资料来源：国家统计局网站。

2012 年之后，非金融企业和金融企业储蓄占比呈上升趋势，表明企业投资意愿下降，这与"三期叠加"的经济环境有关；政府储蓄占比呈下降态势，部分原因是政府在加大支出力度，以弥补企业投资不足引起的总需求不足。

居民储蓄占比下降部分地与居民收入占比下降有关。2002 年至

2019年，居民可支配收入占国民可支配总收入的比重由62.42%下降到60.31%，最低点是2008年的56.38%。而同期政府、金融企业、非金融企业的收入占比总体呈上升趋势：政府收入占比由17.09%增长到17.81%，最高点是2012年的22.16%；金融企业收入占比由1.60%上升到2.71%；非金融企业收入占比由17.74%上升到19.16%，最高点是2008年的20.52%（参见图7-7）。这表明居民可支配收入占比下降，而资本收入占比上升，在社会消费习惯变化不大的情况下，居民用于消费之后的储蓄自然会减少。

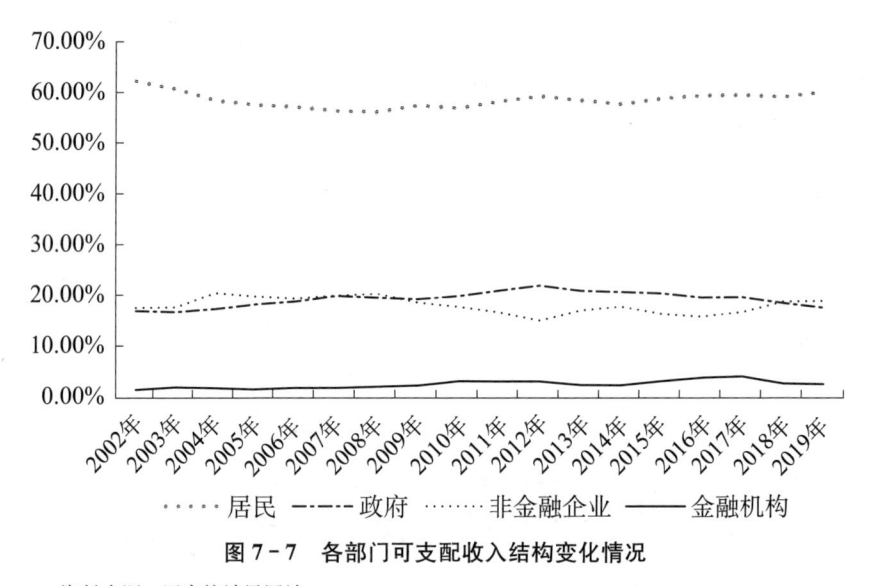

图7-7 各部门可支配收入结构变化情况

资料来源：国家统计局网站。

（三）储蓄与投资的关系

宏观经济学理论认为，投资来源于储蓄，储蓄的规模决定社会扩大再生产的规模。2002—2019年，国民储蓄率与国内投资率（资本形成率）大体呈同步关系（参见图7-8），这表明中国国内储蓄能够满足国内投资需求。这与欧美发达国家的情况迥异。

以美国为例。自20世纪70年代以来，美国的储蓄率持续低于资本形成率（参见图7-9）。这意味着美国国内投资依赖国外资金输入。

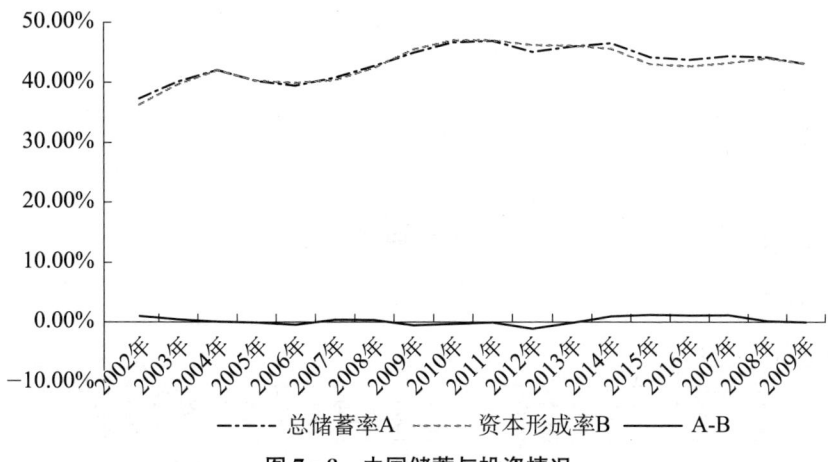

图 7-8 中国储蓄与投资情况

资料来源：国家统计局网站。

注：总储蓄率＝总储蓄额/GDP。

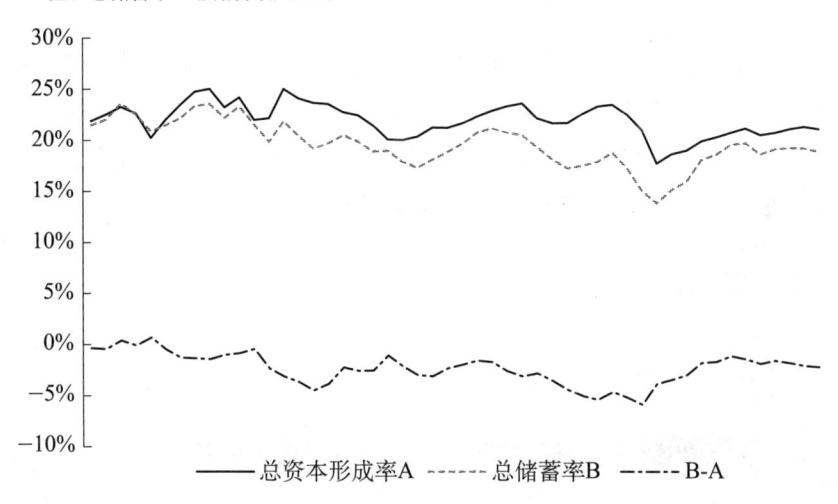

图 7-9 美国储蓄与投资情况（1970—2020 年）

资料来源：世界银行网站。

其实，储蓄率偏低是欧美国家较为普遍的现象。2002—2019 年，OECD 国家的平均总储蓄率为 21.76%，德国、法国、英国、美国的分别为 25.87%、22.04%、14.20% 和 18.02%，相较于中国 45.83% 的总储蓄率而言明显偏低（参见图 7-10）。

图 7-10 中外储蓄率比较

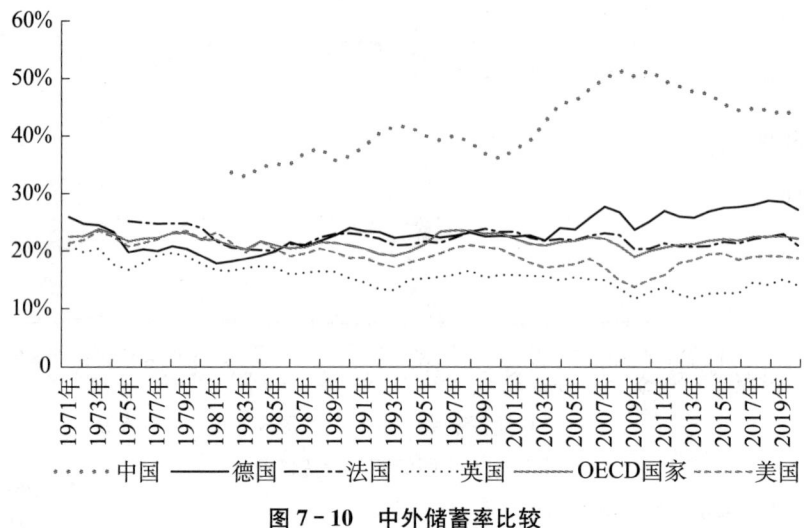

资料来源：世界银行网站。

为了获得投资所需的资金来源，一些欧美发达国家试图通过一切手段来提高国内储蓄率，发展积累型的职业年金、个人养老金就是一种手段，如美国和英国：2020 年，美国、英国私人养老金规模占 GDP 的比重分别达到 170% 和 130%（参见图 7-11）。

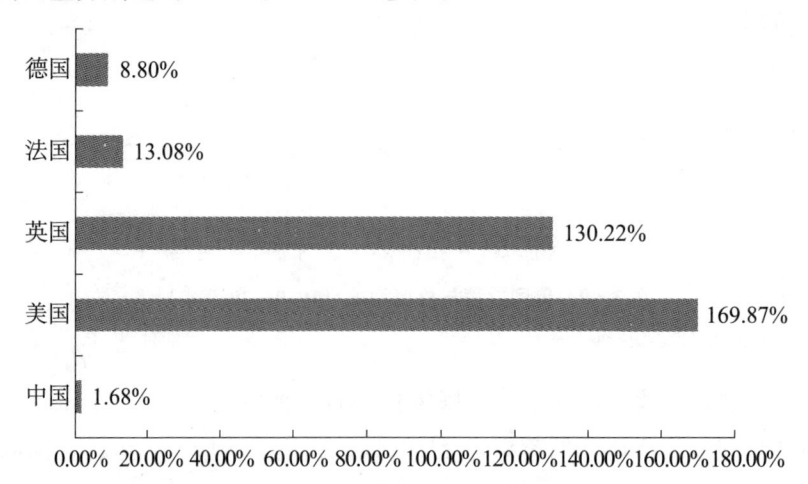

图 7-11 私人养老金规模占 GDP 的比重（2020 年）

- 德国 8.80%
- 法国 13.08%
- 英国 130.22%
- 美国 169.87%
- 中国 1.68%

资料来源：OECD 统计网站。

二、社会保障支出与储蓄的关系

中国社会保障支出规模（包括财政社会保障与就业支出和社会保险基金支出）在持续扩大，其占GDP的比重由2007年的4.94%上升到2019年的10.62%，而同期国内储蓄占GDP的比重先上升再下降，这导致2011年之后，政府社会福利支出与国内储蓄之和占GDP的比重大致比较稳定，平均为53.32%（参见图7-12），社会保障支出与国内储蓄之间确实表现了格林斯潘所言的"一升一降"的关系。

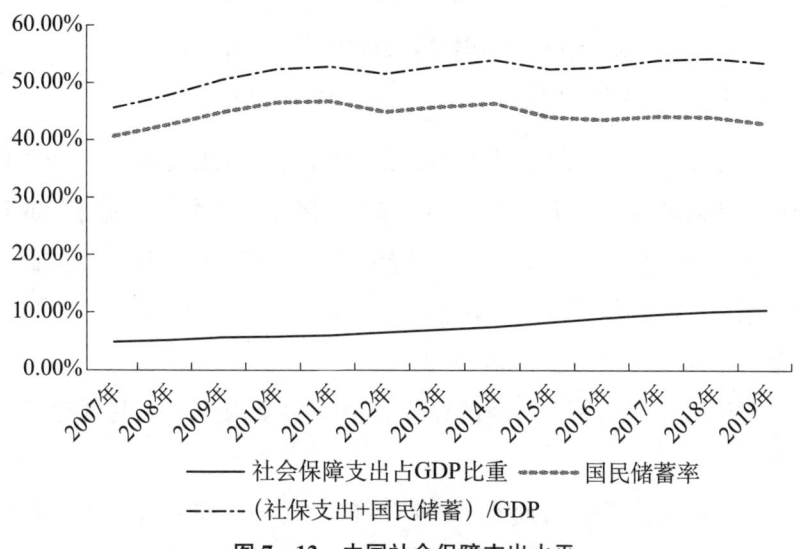

图7-12 中国社会保障支出水平

资料来源：国家统计局网站。

不仅如此，居民储蓄率和政府储蓄率也大致呈相似的变化趋势。政府储蓄率由2002年的3.63%上升到2011年的27.11%，之后呈下降态势，至2019年为5.66%。居民储蓄率由2002年的32.48%上升到2011年的42.49%，之后下降，至2019年为34.79%（参见图7-13）。

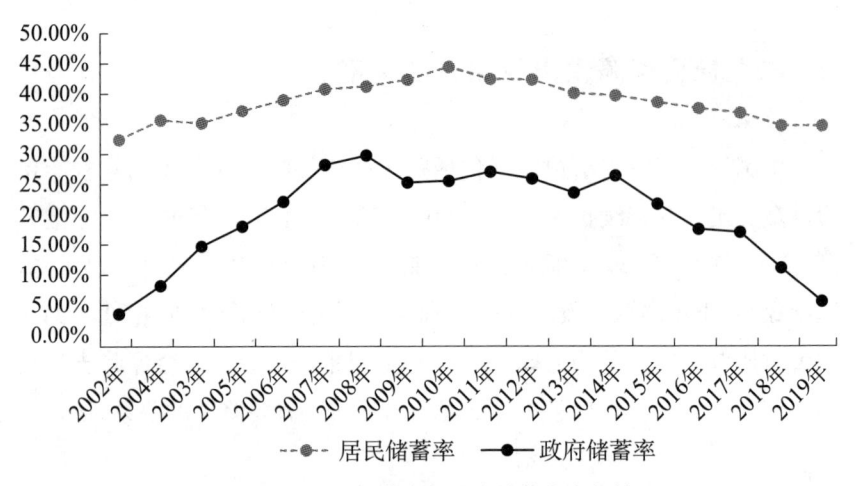

图 7-13 居民储蓄率与政府储蓄率变化情况

资料来源：国家统计局网站。

对于政府储蓄率的下降，除了政府加大投资力度之外，一个重要原因就是政府用于民生保障（包括养老、医疗、教育、失业等）的开支增加。对于社会保障而言，人口老龄化意味着养老、医疗等方面的支出增加，政府相应的补贴随之增加。国内外一些研究表明，人口老龄化会增加政府对养老金和医疗的支出。

对于居民储蓄率[①]下降的原因，经济学家构建了一些理论予以解释。

对于居民储蓄行为而言，其动机包括生命周期储蓄和预防性储蓄。[②] 从人口的储蓄与消费行为特点看，年轻人口整体属于储蓄型，老年人口整体属于消费型。人口老龄化将导致储蓄年龄人口占比下降，

---

① 这里有两点需要说明：其一，尽管该比值呈下降态势，但与欧美发达国家相比仍是较高的；其二，储蓄的人群结构是不均衡的，对于人均可支配收入较低的家庭而言，储蓄是非常少的，而大量储蓄是由中高收入人群贡献的。

② 生命周期储蓄，即根据生命周期假说，理性个体要平滑一生消费以实现消费效用最大化，于是会在年轻时储蓄以应对年老时的生活支出。预防性储蓄，是指个体为应对未来风险和不确定性事件（如养老、医疗、失业、住房、教育等）所需支出而进行的储蓄。

而消费年龄人口占比上升，造成居民储蓄率整体下降。从中国的近邻日本的情况看，其国民的黄金储蓄年龄段为30岁到50岁，60岁及以上人口储蓄率极低，70岁之后进入负储蓄阶段。[①] 这是由于进入老年之后，虽然人们的收入和消费都会相应下降，但收入比消费下降得更快，导致储蓄率下降，同时医疗、照护等消费支出随年龄增长而上升，以至超过收入，形成负储蓄。

对于年轻人而言，随着养老、医疗、失业、住房、教育等各项社会保障政策的完善和待遇水平的提高，个人不仅在未来有可预期的稳定的养老金收入，而且个人面对的即期及远期的经济风险及不确定性下降，年轻人为之而进行的平滑一生消费的储蓄动机和预防性储蓄动机下降，可以将更多的当期收入用于消费，这个群体的储蓄率也会下降。[②] 另外，根据弗里德曼的永久收入假说，人们不会因为一时收入的增加而增加消费，只有稳定可预期的永久性收入才会促进人们的消费。由政府实施的公共养老金计划将来可以使参保人获得有保证的养老金收入，而且会通过收入再分配机制来提高低收入者的养老金权益，这都会刺激人们的现时消费，减少储蓄。

国内外许多实证研究表明，社会福利制度越好，居民储蓄越少。但也有一些实证研究结果显示，社会保障支出与储蓄是正向关系、与消费是反向关系。另外一些实证研究得出的结论是，社会保障对储蓄、消费的影响不确定。之所以如此，是因为实证研究所采用的计量方法、所选择的数据样本等存在不同。但从格林斯潘的观察和前文对中国数

---

① 陈彦斌，等. 人口老龄化对中国高储蓄的影响. 金融研究，2014 (1): 74。
② 人口老龄化也是影响储蓄的重要因素。人口老龄化意味着劳动力人口的供养负担重，他们收入的更多部分将用于缴纳社会保障费用，由此也会降低储蓄率。但劳动力人口的社会养老保险缴费用于老年人的生活支出，劳动人口减少的储蓄变成老年人口的消费，消费发生转移，但并未减少。而且劳动力人口由于社会保障制度而改善了预期、减少了预防性储蓄，会增加消费。故社会总的消费会增加。但私人养老金制度会增加当期社会储蓄，利于投资，却不利于消费。尽管个人也会因预期未来私人养老金的积累而增加当期消费，但由于投资收益的不确定性，私人养老金促进当期消费的能力不如公共养老金。

据的分析，社会保障支出占 GDP 的比重与国民储蓄占 GDP 的比重二者之间确实呈现出此消彼长的关系。

当然，影响中国居民储蓄的因素还有很多（如利率水平、消费行为、信用水平等），社会保障支出只是其中一种重要的因素。在其他影响因素中，信贷金融产品的开发使"大额借贷、分期偿还"的消费模式被越来越多的家庭和个人所接受，从而刺激了消费。2007年至2021年，中国居民杠杆率（居民贷款/GDP）由 18.76% 上升到 61.50%（参见图 7-14）。由于负债需要偿还，所以居民会相应减少储蓄。

图 7-14 中国居民杠杆率

资料来源：国家统计局网站。

三、社会保障对经济发展的积极作用

如前所述，社会保障支出会通过影响储蓄和投资来影响经济增长。这种影响因经济所处的形势不同会产生两种不同的结果：如果社会保障改善了储蓄和消费的比例结构，那么对经济增长将产生积极影响；如果扭曲了储蓄和消费的比例结构，那么对经济增长将产生消极影响。

（一）投资与消费的辩证关系

储蓄决定投资，但不是储蓄越多越好，二者必须适度平衡。本质上，人们对现在消费和未来消费之间的偏好决定了储蓄与投资的结构，即社会总产品中最终消费品与资本品（中间产品）的比例结构。资本品是为增加未来消费品而存在的。

若储蓄率过高，虽然能够刺激投资，提升未来商品和服务的供给能力，但会导致全社会对当期商品和服务的有效需求不足，即消化不了过去资本品所能生产的商品和服务，那么，虽然市场利率（自然利率）较低，但从理性的角度出发，由于消费品价格下降，生产消费品的下游产业不会扩大投资，进而对上游产业生产的资本品需求有限，上游产业也不会扩大投资。于是物价通缩，经济下行，虽然流动性过剩，资本充裕，但企业找不到好的投资渠道。然而，如果由于市场竞争压力，且由于市场利率较低，上下游企业仍扩大投资，或者由于上下游产业之间的链条比较长，上游产业对最终消费品市场的敏感度较低，而对因储蓄率过高导致的市场利率下降的敏感度更高，因此追加资本品的投资，从而增加就业，提高工资水平，虽然这会有助于提高社会消费能力，但由于投资提高了生产效率，增加了商品和服务的供给能力，降低了商品和服务的价格，同样的消费现在人们只要花费更少的收入，如果没有因为技术进步而出现新的可刺激需求的商品和服务，人们的储蓄率会进一步提高，这就出现了消费能力的提高赶不上商品和服务供给能力的提高，出现投资过剩。

若储蓄率过低，当期国民收入大部分用于消费，会增加对当期商品和劳务的需求，这会刺激上、下游企业同时扩大投资，对资本品的需求增加，消费品和资本品的价格同时上涨。但由于储蓄不足，资本供不应求，结果市场利率（自然利率）上升，抑制企业投资，导致对未来的消费品的供给能力不足。此时，如果政府通过宽松的货币政策来人为地降低市场利率（这时的市场利率就变成货币利率），也只是暂时地通过扭曲要素结构来增加投资。由于真实储蓄水平较低，即社会总产品中资本品的比重较低，上游产业和下游产业会争夺有限的资源和生产要素，货币利率水平会上升，市场将纠正以往错误的投资决策，上游企业生产中断或破产，失业增加，收入降低，全社会对最终消费品的需求下降，下游产业也会萎缩。可见储蓄率过高或过低都不利于经济健康发展。

中国当前的问题是消费不足。究其原因，除前文提及的劳动者收入占比下降之外，尚有收入差距扩大。以基尼系数衡量，该值在2015年、2016年、2017年、2018年分别为0.462、0.465、0.467、0.474，均超过了国际上0.4的警戒线。收入分配结构失衡会破坏经济运行的链条，造成消费不足：低端产品过剩，中高端产品需求不足。而无论是哪种情况，都会导致企业投资下降，失业增多，收入差距扩大，消费更加不足。由此经济进入累积的向下循环。

（二）中国当前需要通过提振消费来促进经济增长

前文已述，中国当前的经济状况是生产过剩，而消费相对不足。再加上国际贸易保护主义势力抬头，特别是美国发动的远远超出中美贸易战范畴的全面抑华战略，迫使中国必须降低经济的对外依存度，转而向内通过提振国内投资和消费需求来为中国经济结构调整、动力转换争取时间和空间。而要刺激消费，最根本的办法有：一是要积极调整初次收入分配结构，包括提高劳动者收入占国民收入的比重以及提高中低收入者的收入；二是要积极完善包括社会保障在内的社会福利政策，以促进社会收入再分配和降低中低收入者面临的各类经济风险（如养老、疾病、住房、教育、失业等）。而社会保障离不开财政的支持，特别是公共养老金制度。目前面临人口老龄化带来的日益增加的基金支出压力，公共养老金制度要么逐步削减待遇水平，并通过发展私人养老金来增加个人自我养老责任；要么增加财政投入来稳定待遇水平。如果选择前者，会破坏人们对公共养老金制度的信心，降低预期，增加不确定性，使人们增加即期储蓄；而且发展私人养老金会增加社会储蓄，抑制即期消费，这都不利于平衡消费与投资的关系。

如果选择后者，不仅会增加人们对公共养老金制度的信心，稳定预期，而且通过收入再分配功能，提升中低收入者的养老金待遇，增强其消费能力，更好地平衡投资与消费的关系，促进经济健康发展。

如前文所述，尽管考虑人口老龄化因素后，中国的公共养老金支出占GDP的水平与国外相比并不低（参见表7-3），但由于人口老龄化等因素的影响，公共养老金基金收支压力逐步增加，为了发挥公共养老金调节收入的功能、维持适度的养老金替代率水平，今后财政仍需要加大对公共养老金的投入力度，避免动辄以基金收支压力加大为由而试图缩减公共养老金保障功能。

表7-3　中国和OECD国家公共养老金支出情况比较（2017年）

公共养老金支出情况	OECD	中国	中国/OECD
公共养老金支出占GDP的比重（%）	7.7	4.86	0.63
老年人口抚养比（%）	28.9	15.9	0.55

数据来源：Pensions at a glance（2021）；国家统计局网站；OECD Data网站。

另外，按照国民储蓄率的变化趋势，未来其可能会低于投资率，似乎会制约经济发展。但这是以静态的观点看问题，是在生产要素结构不变的情况下得出的结论。然而，从储蓄对投资的约束看，储蓄的减少，会倒逼全社会改变过去粗放型、规模扩张式的投资策略，去建设更高水平的储蓄与投资关系，即通过技术进步来优化生产要素结构、提高全要素生产率，用等量的投资创造更大的社会产出。这与中国产业升级、动能转换的国家发展战略是契合的。从投资特点的变化看，人工智能、大数据等新技术影响下的投资越来越具有节约资本的特征，知识密集型、技术密集型投资占比越来越高，对储蓄的依赖也将随之降低。随着资本形成速度的下降，传统意义上的投资需求不足，刺激内需的任务将越来越多地落到消费需求上面。因此，完善收入分配结构，完善社会保障政策以改善居民预期，将具有越来越重要的意义。

第八章　中国养老金制度结构性调整策略

养老金制度结构性调整要置于经济社会发展的大背景下，根据对未来就业（总量与结构）、收入（增长与分配）、市场利率等因素的综合判断而合理进行。虽然不能准确地预判未来，但市场经济的运行法则、经济发展的基本矛盾、国内外过去的发展历史还是能够让我们把握一些趋势性的东西。养老金制度结构性调整要未雨绸缪，把问题和困难想得多一点，从最好处着想，从最坏处努力。根据前述分析，笔者尝试提出中国养老金制度结构调整的策略。

第一节　基本养老保险的发展策略

一、稳定城镇职工基本养老保险的保障功能

中国目前正在建设和完善多层次、多支柱养老保险制度体系结构。

科学合理的养老保险制度体系要能够根据经济、金融、就业、收入分配等因素，合理确定基本养老保险、企业（职业）年金和个人养老金的保障目标（即目标替代率）和筹资水平，并根据这些因素的变动情况，建立保障目标和筹资水平的动态调整机制，使政府、企业（单位）和个人的养老保障责任分配公正合理。

在多层次、多支柱养老保险制度体系结构性调整的基本原则宜是"先立后破"，即当国民收入分配差距明显缩小，企业年金、个人养老金能够实现广覆盖和较高且稳定的收益的时候，才宜考虑逐步弱化基本养老保险的保障功能。谨防在这些条件不满足的情况下"先破后立"，试图用削弱基本养老保险保障功能所留出的缴费空间来促使企业年金和个人养老金的发展，这将冒较大的风险。

目前国内关于削弱职工基本养老保险制度保障功能的主张，多是从财务视角考虑问题，基本逻辑是人口老龄化趋势下该制度在财务上不可持续，财政"兜底"的压力也将越来越大，直至难以为继，因此要降低基本养老保险费率，并通过发展企业（职业）年金、个人养老金来弥补基本养老金待遇的下降甚至提升总的养老金待遇。

但如果将视野放宽一些，在经济社会发展的宏观叙事中审视养老金制度结构调整问题，结论可能就会发生变化：人口老龄化、经济增速下降背景下市场利率下行对基金投资收益的不利影响，让我们必须审慎看待基金积累制的作用，避免出现类似智利的悲剧；市场经济中科技（特别是人工智能）与资本的深度整合所产生的日益突出的"就业极化""收入极化"效应，以及基金积累制通过复利机制放大初次收入分配差距的功能，让我们明白了加强基本养老保险再分配功能的必要性；资本逻辑下持续时间变长、频率变快的经济危机引发国际社会一轮又一轮的"量化宽松"所导致的通胀压力，让我们思考现收现付制与基金积累制养老金制度何者更有抵御通胀的能力；为缓和经济危机,各国政府提高劳动者收入、扩大社会需求的政策取向,会使工资收入保持较快增长。对中国这样一个具有中国特色社会主义的国家而言,增进人民的福祉是党和政府一切事务的出发点和落脚点,提高劳动者收入更是题中应有之义,工资收入增长率高于投资回报率的时间可能要维持较长的时间,"艾伦条件"的天平还是偏向于现收现付式养老金制度模式。

基于以上考虑,当前中国至少不能削减职工基本养老保险的保障功能。在职工基本养老保险制度内部,不宜过分强调激励和效率因素,不宜缩小统筹账户规模、扩大个人账户规模。将来若是"就业极化""收入极化"现象变得严重时,还应该完善职工基本养老金待遇计发办法,加大再分配力度,以致采用国民年金制度或者适用于所有人的全民基本收入计划,以纠正初次收入分配失衡的问题。当大多数人没有参加企业年金、个人养老金计划的时候,基本养老金的目标替代率应适度高于"保基本"所要求的水平,以增强中低收入者老年生活的经济独立性。

目前国际劳工组织确定的标准是:缴费30年,平均替代率不低于40%。在中国特色社会主义制度下,私人养老金制度发展滞后,多数职工依赖基本养老金制度的客观现实,都要求基本养老金的替代率水平应维持在高于国际劳工组织确定的标准,并使之不因为基金收支压力加大而下降。

二、提高城镇职工基本养老保险的再分配能力

为克服城镇职工基本养老保险由于待遇调整方式所产生的养老金收入差距扩大的问题,在初始养老金待遇已经体现了"多缴多得、长缴多得"的效率因素的情况下,在调整养老金待遇时应适当多体现一

些公平因素。建议两种养老金待遇调整方案。

一种方案是保持目前"定额调整＋挂钩调整＋倾斜调整"的结构不变，但适度提高定额调整资金所占比重，以控制养老金待遇差距扩大的幅度。

另一种方案是"比例调整＋定额调整"办法。这里的比例调整，指的是养老金待遇随物价指数增长，以保证所有人的养老金购买力不变。定额调整，是指每年调整资金总额减去比例调整所需资金，将剩余的资金在所有退休人员之间平均分配。

三、统筹城乡基本养老保险发展

城乡之间基本养老保险发展不平衡是城乡之间经济发展不平衡在社会政策领域的体现。因此，统筹城乡基本养老保险发展要适应统筹城乡经济发展的节奏，循序渐进，基本思路是"转""提"并举。

"转"即通过城镇化、农业农村现代化、农民职业化、完善城乡之间基本养老保险关系转接办法等让更多的农民有能力、有意愿进入城镇企业职工基本养老保险。从城镇化来看，2021年我国常住人口城镇化率达到64.72%，距离发达国家80%的城镇化率还有较大的潜力。[①] 城镇化将能够为农民创造大量城市就业机会。从农业农村的发展趋势看，随着国家乡村振兴战略的实施及由此吸引的"资本下乡"，会持续推动农业产业化、农民职业化，提升农村资源资产的价值，可以通过合理的产权设计让农民分享农村农业发展的"红利"。有了就业和收入

---

① 中国社会科学院人口与劳动经济研究所发布的《人口与劳动绿皮书：中国人口与劳动问题报告 No.22》预计，中国城镇化将在2035年后进入相对稳定发展阶段，峰值大概率出现在75%至80%。报告同时指出，世界上发达国家城镇化率均超过80%，并趋于稳定。

的支持，农民将更多地选择城镇企业职工基本养老保险。同时，为便利农民转接基本养老保险关系，应完善城乡之间基本养老保险转接办法，建议采用"分段计发"办法，即分别计算农民在两项制度缴费所形成的基础养老金待遇，然后合并计算，以保证农民的养老金权益不因关系转接而遭受损失。

"提"就是提高城乡居民基本养老金待遇水平。首先是完善与经济发展、财政增收相适应的财政投入动态调整机制。一方面财政投入不断增长，另一方面留在城乡居民基本养老保险中的人数持续减少。如此城乡居民的基础养老金待遇将快速提高。其次是完善个人账户基金投资运营体制机制，加强风险防控，在记账利率上参考城镇职工基本养老保险个人账户的办法，促进基金保值增值，提高城乡居民个人账户养老金待遇水平。

四、加大财政投入力度

一是要逐步提高社会养老保险财政补贴占 GDP 的比重。具体操作上，可以对标 OECD 国家平均水平，选择 OECD 国家平均老年人口抚养比与我国目前老年人口抚养比相同的年份来计算我国社会养老保险财政补贴的对标数值，并用人均 GDP 作以修正，以修正后的数值与我国目前实际发生的数值（社会保险财政补贴占 GDP 的比重）相比较，计算差距，以此作为未来一定时期内逐步增加财政补贴的目标，以逐步缩小与国外财政投入水平的差距。

二是要逐步提高财政补贴当中用于城乡居民基本养老保险的比重。为此要有计划地持续提高城乡居民基本养老保险人均财政补贴水平，其增幅要高于城镇职工基本养老保险人均财政补贴的增幅，以不断缩小二者之间的差距。

第二节 私人养老金的发展策略

从培育和壮大中等收入群体、促进共同富裕的视角看，应在公共养老金之外大力发展私人养老金，提升退休人员总的养老金待遇水平。虽然前文说过，私人养老金由于人们缴费能力的不同和复利机制的放大作用，会扩大退休人员的收入差距，对公平不利，但为了巩固和扩大中等收入群体，以便发挥其对经济社会发展的积极作用，私人养老金还是应当得到适度的发展。

一、私人养老金税收优惠政策定位

（一）税收优惠政策应对低收入者产生激励作用

私人养老金制度只有能够激励广大中低收入者加入进来才真正有意义。因为高收入者不太需要国家操心他们的养老保障问题，他们将在工作期间获得的高收入进行储蓄、投资理财、购买不动产等保值增值操作，在年老时依然可获得财产性收入，实现较为宽裕的老年生活。反倒是中低收入者，工作期间没有多少收入结余为老年生活打算。因此，私人养老金制度的税收优惠政策应激励中低收入者将不多的收入结余拿出来投资。

中国的企业年金制度和个人养老金制度目前均采用单一的 EET 税收优惠模式，这对于应税收入低于纳税起征点的中低收入者而言没有吸引力，因为如果是 TEE 模式，他们原本不用交税，却要在 EET 模式下交税了。

为了让中低收入者在 EET 模式下也能够在缴费时享受到免税的好处，可以借鉴英国正在探索的一种思路，即"源头减免（Relief at

Source)"。

企业年金的单位缴费仍在企业所得税前列支，但员工个人缴费不在税前列支，即缴纳个人所得税后再向企业年金计划缴费；个人养老金的缴费也是发生在缴纳个人所得税之后。缴费完成之后，个人按其缴费额的一定比例（即税率）向税务机关申请企业年金和个人养老金税收减免。

目前中国个人所得税的最低税率为3%，如果按此确定税收返还比例，则意味着应税收入低于3%税率所对应收入的人，都可获得其缴费额的3%的税收返还。关于税收返还比例的确定，比例越高，对个人的激励性越强，但所需财政补贴规模越大，因此需要根据财政预算能力来确定。

如果某人的收入较高，其企业年金、个人养老金的缴费适用更高的所得税率，那么可以在年终由税务机关返还额外的税收减免。这样就可以保证那些收入水平达不到纳税起征点的中低收入者也可以获得一个基本的税收减免。税收减免额计入个人的企业年金账户和个人养老金账户，相当于政府的缴费补贴。此方法有助于激励企业和个人参加企业年金计划、个人养老金计划的积极性。即使企业年金计划受雇主缴费能力和意愿的影响而发展较慢，个人养老金计划也有可能快速地发展起来。

（二）目前税收优惠政策力度不宜过大

企业年金、个人养老金有利于增加人们的老年收入，因此许多企业、个人和金融机构呼吁加大税收优惠力度，以激励人们为老年生活储备更多的资金。但由于以下原因，当前税收优惠的力度不宜过大。

1. 制度功能定位的要求

国际上非强制（准强制）型的企业年金、个人养老金的覆盖面都十分有限，距离普惠的目标较远。在此情形下，各国多层次养老保险制度体系的发展出现了分野。以英国为代表的一些国家，其养老金制度结构改革的目标是逐渐缩减公共养老金制度的保障功能，扩大私人养老金的保障功能，最终使私人养老金不再是公共养老金的补充，而是成为主要的养老金收入来源。既然私人养老金制度要承担如此重要的功能，它就要对民众有足够的吸引力，否则它将难以成为一个主体性制度。如果很多中低收入者没有加入私人养老金计划，仅靠公共养老金很可能陷入老年贫困。于是这些国家必须施行力度较大的税收优惠政策。但在中国，当前企业职工基本养老金的替代率水平较高，且是绝大多数老年人重要的生活来源，而企业年金、个人养老金仍处于补充而非替代的地位，由待遇水平所决定的缴费水平较低，故税收优惠力度（免税缴费额度）也相应较小。

2. 税收优惠政策受益人的有限性

前文分析表明，企业年金、个人养老金制度税收优惠政策的好处多被高收入者享有。英国的实践证明，收入越高的人，其私人养老金占家庭总财富的比例也越高。过于慷慨的税收优惠政策有利于增加高收入者的养老金财富，而国家财税原本应更多资助中低收入者。

中国目前建立企业年金计划的企业仅是少数，参加企业年金计划的人收入普遍较高，而绝大多数企业的职工没有参加企业年金计划。个人养老金制度，除非财政对中低收入者进行补贴，该制度吸引力也应谨慎乐观。在此格局下，中国目前企业年金、个人养老金的筹资水平、待遇水平就不宜设计得过高。对于企业年金制度，即使提高税收优惠比例，除了能够增加已参加企业年金计划的企业和职工的缴费规模之外，对于扩大企业年金覆盖面的作用可能有限。对于个人养老金制度，即使设计较高的税收优惠比例，中低收入者基本上仍是"无感"的。既然企业年金、个人养老金可能在较长的时间内是一个"小众"参与的制度，那么从防止收入差距扩大、减少国家税源损失起见，应该控制税收优惠力度。

当然，将来随着国民收入分配结构的日趋合理，收入差距逐步缩小，中等收入群体的数量和质量大幅提升，则可以逐步提高税收优惠力度，以使之惠及社会中的大多数人。

3. 低利率的影响

国内外长期利率呈下降趋势，这对私人养老金基金的投资回报率产生不利影响。而且，国际经济结构失衡及引发的国家之间频繁的竞争性的量化宽松货币政策，以及政府日益强烈的财政赤字货币化需求，导致低利率可能会在今后相当长一段时间内存在。在此情况下，如果国家通过税收优惠政策来强化私人养老金制度的保障功能，但私人养老金基金投资回报率却较低，那么中低收入者的私人养老金待遇将面临较大的不确定性。当其中的一些人的生活陷入贫困时，国家并不能以私人养老金制度"自负盈亏"为由而坐视不理，仍然要承担起"兜底"责任。因此，政府应充分评估低利率条件下私人养老金制度的保障能力及安全性，合理安排其与公共养老金制度在筹资及待遇上的比例结构，合理控制税收优惠力度。

4. 社会储蓄行为的影响

私人养老金制度有助于提高社会储蓄水平，对于像英国、美国等储蓄少而消费多的国家是适宜的，这是用"强制储蓄"的方式来为国家经济发展积聚必要的资金。但迄今中国仍是一个储蓄多而消费少的国家，社会储蓄率维持在较高水平，"强制储蓄"的必要性不如英国、美国强烈。前文已述，当前中国经济面临供给侧结构性改革和需求侧调整的双重压力，其中消费需求的作用更加突出，政府宜鼓励人们消费而非储蓄。因此，从增强宏观政策取向一致性出发，私人养老金政策须与宏观经济政策相协调，这也意味着其筹资水平及税收优惠力度不宜过大。

二、私人养老金基金投资策略

保持目前的税收优惠政策，如果人们能广泛地参与私人养老金计划，中国将因庞大的人口基数而积累起规模庞大的私人养老金基金。即使企业年金目前覆盖率很低，但职业年金是全覆盖，二者积累的资金加起来目前也有4.2万亿元。这些资金决不应该在金融系统内空转以博取投机收益，如果这样，发展私人养老金的意义和价值便大打折扣。有价值的投资应与一切有利于中国经济健康可持续发展的事业捆绑在一起，从经济发展中分享红利，这需要以适当的组织方式来动员资金，以克服私人养老金基金投资偏保守的"性格"。

（一）养老金基金投资的使命①

养老金基金（包括公共养老金基金和私人养老金基金）事关国民养老福利，而养老福利最坚实的基础是商品和服务的极大丰富。因此，养老金基金最成功的投资应该是顺应时代潮流的投资，即是能够参与适应未来经济社会需要、解决未来经济社会问题的行业、产业和企业的成长，分享实实在在的经济增长收益的投资，而这种收益又具有最坚实的购买力。所解决的经济社会问题惠及的人数越多，市场空间就越大，经济社会效益就越好。

养老金基金的投资应与国家命运休戚相关，服务于国家大的经济战略，从中寻找、支持有发展潜力的产业、企业，并从成功实施的战略中分享改革发展的红利。其实在中国，中央政府是最好的顾问，国家对未来发展的规划和战略是养老金基金投资最好的"蓝本"，国民经济和社会发展规划，战略性新兴产业发展规划中蕴藏着巨大的投资机会。

养老金基金投资是一项带有一定风险的价值发现之旅，其管理者应有"企业家精神"（直觉、灵感、想象力、决断力和冒险精神），积极去发现好的投资项目和投资机会。试想，如果养老金基金能够在像BAT（百度、阿里巴巴、腾讯）这样企业的发展初期，就极具慧眼地进行股权投资，在为国民提供实在的商品和便捷服务的同时，也能获

---

① 此内容参见张兴．我国基本养老保险基金市场化投资的四种策略．中国劳动保障报，2019-05-24．

得较高的投资回报。这正是养老金基金应该做的事情。

(二) 中国的投资机会[①]

目前中国的养老金基金只允许投资国内,国内的投资机会完全能够满足需要。

世界经济中心在哪里,投资机会就在哪里。而世界"经济质心"东移渐成趋势。例如,麦肯锡全球研究所对世界"经济质心"移动的研究结果显示,从公元1000年开始,"经济质心"经历了西移和东移两个阶段。据预测,到2025年,"经济质心"将重新回到远东,但与公元1000年相比,它大幅度向北偏移很多。很显然,它表明中国经济对世界举足轻重的影响力。这也是国外投资者普遍看好中国的重要原因。因此,在选择投资地的问题上,养老金基金不必舍近求远。

综观当今世界,美国被其国内的结构性问题困扰(收入分配结构、产业结构和就业结构),西欧国家大多数掉入福利体制的泥潭。各国都优先解决自己的问题,于是反全球化开始出现,中国的对外出口将会遭遇更多的挑战。中国自身也面临着经济结构调整、产业结构升级、供给侧结构改革等挑战。但中国有庞大的人口数量,有着较高的储蓄率,有全世界最大的潜在消费市场。中国政府提出以人民为主体的发展思想,发展的成果要为人民所共享。中国正积极进行经济政策和社会政策的调整,中国经济的进一步发展,已经将经济发展由依托国外转到立足国内,依靠经济转型和创新驱动解决国内经济可持续发展问题,不断解决"人民日益增长的美好生活需要和不平衡不充分的发展之间的矛盾"。这当中蕴藏着广阔的投资空间和机遇。

从发展的眼光看,允许基本养老保险基金、企业(职业)年金、个人养老金投资国外是迟早的事情。因为中国的对外开放政策仍将持续,中国经济的进一步发展也离不开同世界各国的经济、技术、人才

---

① 张兴. 我国基本养老保险基金市场化投资的四种策略. 中国劳动保障报,2019-05-24.

交流,"一带一路"倡议、亚投行、"丝路基金"的建立表明中国在履行着越来越重要的国际责任,中国的企业也正在积极走出去。中国的企业走向哪里,中国的经济利益就在哪里,包括养老保险基金在内的各类投资要为此提供资金支持。随着中国政治影响力的增强,中国企业在海外经营能力的增强,国家应对国际政治风险、金融风险、经济风险、军事风险的能力增强,这些都在为养老金基金"走出去"创造良好的外部环境。

而且辩证地看,如果养老金基金所投资的中国企业走出去了,基本养老保险基金投资自然也随之走出国门。将来,随着中国在世界经济中的地位提升,很有可能出现这样一种局面:"国内市场国际化,国际市场国内化"。届时,投资的地域界限自然也就被打破了。

将来国家允许养老金基金在境外投资了,投资的重点也应放在稀缺资源及与科技创新、技术进步密切相关的事业上来。但分散的私人养老金基金很难执行这种战略意图,它们犹如一个个单薄的小舢板,形不成劈波斩浪的巨大合力,除了进行投机之外,几乎没有左右局面的能力,反而容易被华尔街诸类资本玩家收割。因此,需要将它们组织起来,优化结构与功能,形成航空母舰,使投资活动有目标、有计划、有组织、有力量。

(三)私人养老金基金的投资策略

当前私人养老保险基金投资面临两种观念的选择:一种是"小投资观",另一种是"大投资观"。

目前的投资行为折射出的是"小投资观",即基于个体理性、本位主义而形成的较为狭隘的私人养老保险基金投资观念,是"各人自扫门前雪"式的,这在前文所述的监管政策和治理结构方面已经得到充分的体现。持有这种投资观念,在策略上就会对宏观经济逆来顺受、坐等宏观经济降下"雨露甘霖",而不试图去促进企业发展、经济发展,通过做大"蛋糕"来分享更坚实的收益;在行为上就会选择偏保守的投资策略，在面临"资产荒"的时候就会拿出"螺蛳壳里做道场"的精力和技艺在"存量"蛋糕上"与同人奋斗"，陷入"零和博弈"之中无法自拔。

"小投资观"作用之下的私人养老保险基金显然不能实现真正的保值增值，是需要扬弃的，转而应拥抱"大投资观"，即基于集体理性、集体主义而形成的较为宽广的私人养老保险基金投资观念，是"众人划桨开大船"式的，具有经济意义和政治意义。

1. 经济意义

科技创新是国民经济长期稳定增长的唯一来源。我国经济高质量发展的重要任务之一是供给侧结构性改革，核心动能是创新。一部人类史就是由科技创新来不断产生新的可能性的历史，见之于经济，一方面推动原有商品和服务体系量的扩张和质的提升，另一方面创造新的产品和服务供给，特别是那些可以改变世界的革命性科技所创造的商品和服务，将为人类经济活动开拓出全新的巨大的市场空间。

因此，从经济上看，私人养老保险基金最根本的、最坚实的收益只能来自实实在在的经济高质量发展。经济发展了，市场繁荣了，私人养老保险基金的保值增值就有了坚实的经济基础。除此都是泡沫，且终将破灭。而科技创新需要风险投资。如果私人养老保险基金不愿参与对充满风险和不确定性的科技创新的支持，而只寄希望于从科技创新成功之后的发展中安稳地分享成果，换言之，"不想种树，只顾摘桃"，如果多数金融机构都算计如此"搭便车"，其结果就会是迟滞科技创新的步伐，从而抑制国民经济增长，使国民经济逐步从增量经济转向存量经济。而存量经济的规模是难以保持的，好比是"逆水行舟，不进则退"，因为经济一旦停止增长，就必然开始内卷，资本密集型企业取代劳动密集型企业，技术密集型企业取代资本密集型企业，其结果是就业、收入结构不断分化，由此决定的社会购买力消化不了经济体系产出的产品和劳务，国民经济正常循环遭受破坏，进入持续萎缩的下行通道。与之相伴的日益尖锐的社会矛盾更是会加速经济衰退的速度。① 经济衰退了，试问：私人养老保险基金能独善其身吗，其安全性又由谁来保障呢？

因此，私人养老保险基金不应以"食利者"的姿态坐收科技创新产生的经济利益，而应以"命运共同体"的使命感、责任感参与科技创新过程，厚植健康可持续的收入之源。试想仅科技创新所形成的知识产权，就可以通过收取专利许可费、将知识产权内置于商品价格的方式来为投资者带来丰厚的回报（2018年我国向国外支付高额的专利费用就高达356亿美元），更不用说将科技创新成果转化为现实生产力，通过"链式反应"来拉动投资、开拓市场所产生的收益。

2. 政治意义

从政治上看，面对世界百年未有之大变局，从长远来看，科技创新就是国运，关乎国家兴衰荣辱，关乎经济发展、社会稳定、民众幸福。科技创新尤其是决定国家安全发展、社会生态文明进步、人类美好未来的科技创新有很大的风险和不确定性，需要国家动员一切可能的力量来支持它。大国竞争，根本上比拼的是科技实力。核心关键技术是国之利器，超越了单纯的经济利益而上升为体现国家意志的政治利益，因此用钱买不到，只能靠自主创新。举国之力支持自主科技创新就是国之大者。如果我国在科技创新领域仍旧对西方国家亦步亦趋，核心关键技术被人家卡脖子，那么随着这些技术的快速迭代，并通过国外资本的势力向我国的企业和个人广泛渗透，成为国人须臾不可或缺之物，我国经济一时发展得再好，也只是把大厦建在他人的地基之上，成为"砧板上的肥肉"随时供人取用。当我国的发展安全遭受严

---

① 以上逻辑可以部分地解释"中等收入陷阱"问题。陷入中等收入陷阱的国家的表征是经济失去增长的力量，而经济增长是解决一切问题的物质条件。一个国家进入中等收入国家行列后，企业用工成本会变高，如果没有持续的科技创新、更高的社会生产率来消化用工成本，那么经济就会陷入内卷，而内卷是为争夺存量市场而进行的内耗，结果必然使经济社会陷入泥潭。

重威胁，我国国土之上的一切事物都将被置于随时遭遇打击和掠夺的巨大风险之中的时候，试问：我国的私人养老保险基金的安全性何在，能够"偏安一隅""独善其身"吗？答案显然是否定的。

然而，科技创新需要投入大量的人力物力，特别需要大量长期资金的支持，特别是以企业为主体的科技创新不仅需要长期贷款、长期债券的资金支持，更需要能够与之"风雨兼程、荣辱与共"的长期股权资本的支持。我国私人养老保险基金规模大、投资时限长，具备支持科技创新、践行有作为的价值投资理念的条件。只要转变投资观念，即摒弃"各人自扫门前雪"的狭隘的"小投资"观，树立"众人划桨开大船"的"大投资"观，就能在行动上对科技创新形成强有力的支持。特别是在经济运行压力大、社会预期弱的困难时期，在各种资金都想"收缩"以控制投资风险的时候，唯有转变投资观念，直面风险、和衷共济才能找到更好的出路。

美国这方面的经验值得借鉴。美国经济发达，科技创新能力强，其重要支持力量来自风险投资，正如保罗·克鲁格曼在《萧条经济学的回归》中所写的：美国经济发展的 60%～70% 由新经济推动，而新经济的背后，是风险投资的金融支持。斯坦福大学的研究报告统计，自 1974 年至今的 1 400 多家上市公司中，43% 的公司是靠风险资本起家的。全美风险投资协会（NVCA）的统计数据显示，2020 年美国风险投资基金为超过 9 000 家国内初创企业提供了资金，平均每天约有近 25 家企业总计获得了 3.87 亿美元风险投资。正是风险投资让美国科技企业层出不穷、独领风骚，至 2020 年年底美国独角兽公司达到 510 家，占全球近一半，总市值超过 9 000 亿美元。[1]

美国现在允许私人养老保险基金进行风险投资。然而美国 20 世纪

---

[1] 张锐. 美国风险投资常年全球第一的秘密. 国际金融报，(2021 - 01 - 18)［2023 - 06 - 18］. https://baijiahao.baidu.com/s?id=16891715816201523148&wfr=spider&for=pc.

70年代中期以前对私人养老保险基金投资安全性的强调非常类似于现在的我国，极少涉及对企业特别是新兴企业的直接投资。但美国经济增速的放缓加大了私人养老保险基金保值增值的压力，收益性成为美国政府必须正视的问题。为此，美国政府于1978年修改了《雇员退休收入保障法案》中有关"谨慎人"的条款，允许私人养老保险基金管理者投资于风险基金和从事其他高风险投资（1979年以后新的法律允许养老保险基金总资产的5%投资于高风险项目）。[1]

（四）私人养老保险基金促进科技创新的方案设想

1. 扩大投资范围

践行"大投资观"，首先需要监管政策适时适度对私人养老保险基金开放股权投资、风险投资领域，逐步提高可投资比例，让其有机会参与科创活动和企业成长，从中分享较高的收益。

2. 创新管理体制机制

私人养老保险基金当中，除了职业年金的投资决策较为集中外，企业年金和个人养老金的投资决策都比较分散。[2] 投资决策分散有其优点，如每个金融机构对经济金融、行业企业的发展形势理解不同，所做的投资策略也不同，不会一荣俱荣，一损俱损。但其缺点也是明显的，那就是单个金融机构管理的可用于中长期投资的资金毕竟有限，对风险投资的容忍程度有限，而金融机构之间缺乏有效整合力量、分散风险的制度安排，于是养老金基金整体上对风险投资偏保守，而且

---

[1] 杨玲. 美国私人养老基金与高技术产业发展关系研究. 科技进步与对策，2006（10）：57.

[2] 个人养老金赋予个人投资决策权，但并不意味着个人一定要执行这项权利。个人可以有两种选择：一种选择是，个人自主购买养老金产品，这对个人的金融素养有一定的要求，其后果是资金使用比较分散，而且个人易受市场情绪影响而频繁变更投资选择，形成"长钱短投"的局面。另一种选择是，个人不选择购买养老金产品，而是将资金委托给专门机构进行投资运营，就像基本养老保险的个人账户基金一样。如果很多人这样做，专门机构就能够集中庞大的资金量去合理安排投资的期限结构，投资的风险容忍度更高，价值投资的可能性更高，风险投资才更有可能。对于中国个人养老金制度而言，应提供上述两种方式供人们选择。

重短期投资、轻长期投资，不能对科技创新活动形成持久有效的支持。这种状态需要改变。

国家可以鼓励引导各私人养老保险基金共同出资成立科创基金，或者参与国家主导的科创基金。前者是一个自愿联合体，可以实现在金融机构之间分散科技创新投资的风险。在初创阶段，可能会在目标价值认同、沟通协调、组织管理、风险判断、决策表决等环节产生较高的交易费用，但随着治理体系的完善和治理能力的提升，交易费用会逐渐下降。后者以融入政府创业投资引导基金治理结构的方式参与国家科技创新体系，与政府基金共担科技创新投资风险。而无论以何种方式支持科技创新，私人养老保险基金都可以在分散风险的同时，围绕事关国计民生的重大科技领域进行多元化投资，不必计较每一项投资都要成功，只要某个或某几个科技领域取得突破，让我国在全球产业链、价值链中取得积极主动地位，或者引领全新的产业链、价值链，从而在全局上、长远上使投资成功的收益可以覆盖投资失败的成本，那么这样的投资就是成功的。

关于私人养老保险基金参加政府的科创引导基金，以色列的做法可以借鉴。

为解决科技创新的市场失灵问题，以色列政府于1992年成立了政府创业引导基金（YOZMA）（参见图8-1）。起步资金1亿美元，分成两个部分：用其中80%的资金设立了10只子基金，通过杠杆作用，撬动国内外风险资本参与其中，政府与其他出资人是有限合伙人关系，共同聘请专业团队管理投资业务，政府不插手干预；政府出资部分在承诺的时间内退出，一则可以寻找新的投资目标，实现资金的高效循环利用，二则以"让利于民"的方式提高国内外风险资本参与的积极性和预期。剩余20%的资金选择那些技术专用性强、不易被复制、市场潜力大的创新型企业进行直接投资，以体现政府的投资导向，对子基金及其他社会风险资本投资起引领示范作用。以色列正是通过这种基金运作方式造就了"第二硅谷"①。

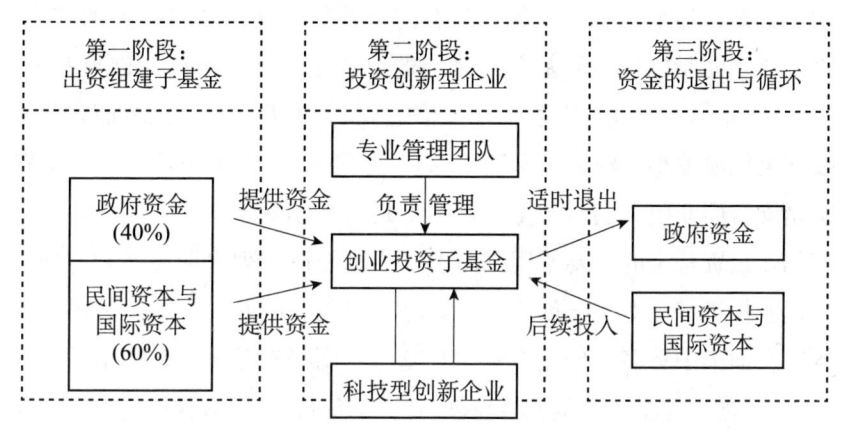

图 8-1 以色列 YOZMA 运作流程

资料来源：萧端，熊婧. 政府创业引导基金运作模式借鉴——以以色列 YOZMA 基金为例. 南方经济，2017（7）.

中国于 2008 年发布《关于创业投资引导基金规范设立与运作指导意见的通知》（国办发〔2008〕116 号），鼓励各级政府设立类似于以色列的创业投资引导基金。之后，政府创业投资引导基金得到了较快发展，但也存在明显的不足，主要是基金数量较多、力量比较分散，且对科技创新的支持不足。

从基金的数量和规模看，至 2021 年第一季度，国家级、省级、地市级、区县级的政府引导基金数量分别为 38 支、403 支、866 支和 570 支，基金规模分别为 2.67 万亿元、4.05 万亿元、3.40 万亿元和 1.48 万亿元，单支引导基金平均规模依次为 720.7 亿元、105.2 亿元、41.8 亿元和 27.5 亿元。② 地方政府设立的创业投资引导基金一般都有投资本地企业的要求，但本地并不一定存在有巨大潜力的科技创新型

---

① 萧端，熊婧. 政府创业引导基金运作模式借鉴——以以色列 YOZMA 基金为例. 南方经济，2017（7）.
② 张寒. 中国政府引导基金行业发展现状、作用及趋势分析. 华经情报网，（2021-08-07）[2023-06-18]. https://www.huaon.com/channel/trend/737826.html.

企业，因为这类企业是稀缺资源，是各种因素共同作用的产物，不会均匀分布在各个地方。但各地都有需要扶持并从中获得税收的产业，因此政府创业投资引导基金最普遍的形式是产业基金而非创投基金。至 2021 年第一季度，产业基金规模达到 3.81 万亿元。比较而言，创投基金规模偏小，资金规模仅有 0.65 万亿元①，而且其中有一部分资金是支持商业模式创新型企业，而不是科技创新型企业。因此，在政府创业投资基金的主要使用方向上，中国与以色列有明显区别，中国的创业投资基金对科技创新的支持是不足的。因此，中国政府需要在国家层面集中更多的创业投资引导基金，明确对基础性、前沿性、前瞻性、"被卡脖子"的重大科技创新的投资目标，采取像以色列那样聘请专业管理团队，政府投资适时退出等做法，以超出部门利益和地方利益的束缚，在全国范围内选择在国家重点发展领域真正有科技创新潜力的企业和研究机构进行大力投资，实现"集中力量办大事"的资金动员能力。

作为最重要的机构投资者，中国包括私人养老保险基金在内的养老金基金应被允许作为出资人参与国家创业投资引导基金，为中国的科技创新作出积极的贡献。从可用于中长期投资的养老金基金规模看，2021 年中国的企业年金、职业年金、全国社会保障基金规模分别为 2.25 万亿元、1.29 万亿元和 2.92 万亿元，合计 6.46 万亿元。如果能像美国私人养老基金那样，允许 5% 的比例参与国家创业投资引导基金，则可动员的资金规模达到 0.32 万亿元。将来随着运作模式的成熟，养老金基金准入的比例还可以增加。只要科技创新层出不穷，企业发展壮大，养老金基金不仅可以获取风险投资的收益，而且也能在高质量上市公司众多的资本市场上获得可观的分红和股息，从而真正发挥机构投资者引导价值投资的作用。

---

① 张寒. 中国政府引导基金行业发展现状、作用及趋势分析. 华经情报网，(2021-08-07) [2023-06-18]. https://www.huaon.com/channel/trend/737826.html.

另外，中央政府还可以发行用于支持重点领域、关键环节的科技创新的专项债券，鼓励养老金基金购买，或者专门供养老金基金购买。这样就以中央政府信用背书的方式解决了养老金基金对投资安全性的要求与科技创新本身具有较大的风险及不确定性之间的矛盾，间接地实现养老金基金对科技创新的支持。

3. 完善企业年金治理结构

为了让上述方案能够冲破企业年金、职业年金委托人不合理、不受制约的"有形之手"的干扰而得以实施，国家有必要在私人养老保险制度层面增补针对委托人的行为规范，引导建立企业年金、职业年金的市场主体共同遵循的考核评价准则，促使企业年金、职业年金基金走上长期投资、价值投资的正轨。

这样做的理由是，企业年金市场中不应存在不受约束的主体。虽然单纯从交易行为看，委托人代理企业员工成为年金计划的需求方，而"四方管理人"以受托人为代表成为年金计划的供给方，双方交易属市场行为。但企业年金制度是国家多层次养老保险制度体系重要的组成部分。企业年金的第一层信托应是国家对企业（单位）和员工的信托，国家以税收优惠的方式鼓励企业（单位）和员工为未来养老积累资金，企业年金、职业年金负有服务于国家养老保障战略规划的历史使命和责任。委托人对受托人的信托是第二层信托，要受到第一层信托的制约，国家有义务和权利对委托人的行为进行约束，以帮助私人养老保险基金投资走出"个体理性而集体非理性"，使之产生某种程度的集体理性。

第三节 基本养老保险的筹资策略

这里建议探索"全生产要素筹资"模式。

因为不弱化甚至是加强职工基本养老保险的保障功能,需要有"真金白银"。然而中国城镇职工基本养老保险筹资是建立在就业基础之上,是以单位和个人以劳动收入为基础的,而随着日益严重的人口老龄化、高龄化,制度抚养比(参保职工人数与离退休人数之比)不断下降,受各种因素影响的缴费抚养比(缴费职工人数与离退休人数之比)更低,"生之者渐寡,食之者渐众",城镇职工基本养老保险基金面临越来越大的支付压力,单靠制度自身的筹资能力愈来愈难以满足制度可持续发展的要求。为了维护制度运行,国家财政投入占职工基本养老保险筹资的比重持续上升,继续提升的空间越来越小。

与此同时,劳动收入份额面临下降压力,而技术、资本等其他生产要素的收入份额占比却有潜在的扩张能力。特别是随着大数据、互联网、人工智能等技术的发展,使"机器换人"日益具有经济可行性,这不仅会提高劳动生产率,而且会减少用于工资、社保费等方面的人工成本。而与之形成鲜明对比的是劳动密集型企业的工资、社保费等人工成本相对较高,迫于市场竞争压力,越来越多的劳动密集型企业将不得不向技术、资本密集型企业转变。其结果,一是企业用工规模减小;二是就业结构改变,包括新业态就业在内的灵活就业人数占比逐步提高;三是受前两项因素影响,劳动者收入份额有向下的压力。这会进一步弱化城镇职工基本养老保险的筹资能力,加剧基金收支矛盾(灵活就业人员的总缴费率低于企业和职工缴费率之和,且多数选择较低缴费基数),以就业和劳动收入为计征基础的筹资模式越发难以适应经济社会发展。

因此,在技术、资本等要素收入份额具有潜在扩张能力的形势下,城镇职工基本养老保险制度需要突破单纯以就业和劳动收入为筹资基础的局限性,将技术、资本等生产要素也纳入筹资基础,实行"全生产要素"筹资模式,以适应生产要素结构的变化。

具体而言,就是将企业和个人的计征基础区分开来:企业职工仍以工资为计征依据向个人账户缴费,作为计发基本养老金的依据;企业以其经济能力为计征依据向统筹账户缴费,如以企业增加值为计征依据。

企业增加值是衡量企业生产效率和经济贡献的重要指标。用收入法核定的企业增加值,是固定资产折旧、劳动者报酬、生产税净额和营业盈余之和(目前在统计上企业社会保险缴费被归入劳动者报酬)。以企业增加值的一定比例来确定企业的社会养老保险缴费总额,与缴纳增值税类似。关于缴费比例的确定依据,可以计算全国企业的社会养老保险缴费总额占第二、第三产业增加值的比重;或者可以抽样第三产业中具有较大用工规模的企业,计算这些企业的社会养老保险缴费额占企业增加值的平均比重。然后结合企业负担、基本养老金中长期缺口规模、财政出资能力等因素来综合确定。灵活就业人员缴费向统筹账户和个人账户分配的结构保持不变。①

对于有雇工的企业,企业缴费有两种方式:第一种方式是以上年度企业增加值为依据,按规定的比例每月缴费,到本年度结束后与本年度实际企业增加值相对比,多退少补;第二种方式是企业每月仍以职工工资总额为依据进行缴费,到本年度结束后与以实际企业增加值为依据计算的缴费额进行对比,多退少补。

采用上述方式之后,企业职工基本养老保险单位缴费脱离了劳动关系羁绊,无论何种用工类型的企业都有明确的缴费责任,用工少、利润高的资本、技术密集型企业缴费会相对较高,而用工多、利润低的劳动密集型企业缴费会相对较低,这符合缴费的"量能原则",体现

---

① 某些平台从业者,如网络主播,收入水平很高,但有可能会选择最低缴费基数缴费。这对社保征缴是一种漏损,在灵活就业人员内部也没有实现缴费的"量能原则"。因此,在灵活就业比重持续上升直至成为主流就业方式的趋势下,须要求灵活就业人员执行与企业职工相同的缴费办法,即收入高于最低缴费基数的灵活就业人员,按实际收入缴费。这就需要加强对灵活就业人员收入的监管。虽然难度较大、过程较长,但既然就业结构变化的趋势在新技术的作用下不可逆转,社保征缴应适应这种趋势,利用新技术、新方法来监管灵活就业人员的收入,尽可能减少缴费漏损。

的是不同类型企业之间的缴费责任再分配,这将间接地有助于促进劳动密集型企业稳定就业。无论技术进步对企业造成怎样的分化,只要社会总财富是持续增加的,无论这个财富在企业当中怎样地分配不均,丝毫不影响养老保险的筹资能力。无论各生产要素对经济增长的贡献份额发生怎样的变化,只要总的社会生产率提高,经济保持增长,实行"全生产要素"筹资模式,不仅可以调节劳动者之间的收入,而且可以调节劳动与资本、技术等其他生产要素之间的收入,为城镇职工基本养老保险筹集必要的社会资金。

主要参考文献

一、外文文献

[1] International Monetary Fund，Global Financial Stability Report：Lower for Longer. IMF，2019.

[2] OECD. Pensions at a Glance 2021：OECD and G20 Indicators. OECD Publishing，Paris，2021.

[3] OECD. Can pension funds and life insurance companies keep their promises?. Business and Finance Outlook 2015.

[4] OECD. Pension-Markets-in-Focus-2020. OECD，2020.

[5] ISSA. Global challenges for social security：Developments and innovation. International social security association，2019.

[6] Christine Lagoutte，Anne ReimatPension. Systems after the Storm：France and the United Kingdom in a Comparative Analysis. European Journal of Comparative Economics，2012.

［7］Doellman，Thomas W. Sardarli，Sabuhi H. Investment Fees，Net Returns，and Conflict of Interest in 401（K）Plans. Journal of Financial Research，2016.

［8］Aubry，Jean-Pierre and Caroline V. Crawford. How Do Fees Affect Plans' Ability to Beat Their Benchmarks?. State and Local Plans Issue in Brief 61. Chestnut Hill，MA：Center for Retirement Research at Boston College，2018.

［9］Nicholas Barr. Labor Markets and Social Policy in Central and Eastern Europe：The Accession and Beyond. The World Bank，Washington，D. C.，2005.

［10］Fujita，Shigeru & Fujiwara，Ippei. Aging and the Real Interest Rate in Japan：A Labor Market Channel. CEPR Discussion Papers 16127，C. E. P. R. Discussion Papers，2021.

二、中文文献

（一）著作

［1］邓小平文选（第3卷）．北京：人民出版社，1993.

［2］西斯蒙第．政治经济学新原理．北京：商务印书馆，2016.

［3］约翰·博格．投资先锋：基金教父的资本市场沉思录．北京：机械工业出版社，2012.

［4］高山宪之．养老金改革：全球共识与日本经验．北京：中国财政经济出版社，2023.

（二）期刊论文

［1］王新梅．公共养老金"系统改革"的国际实践与反思．社会保障评论，2018（4）.

［2］陈工．养老金制度调整的取向评估：国际经验及启示．改革，2009（6）.

［3］汪建强．英国养老金制度的困境及对中国的启示．经济纵横，

2007（10）．

［4］齐传钧．拉美私有化养老金制度扩面困境、措施与启示．拉丁美洲研究，2011（4）．

［5］邢曙光，潘向东，刘娟秀．资本市场收益率是由什么决定的？——理论与经验分析．金融纵横，2019（7）．

［6］乔榛．资本收益率、经济增长率与居民收入差距——基于中国1978—2013年数据的分析．求是学刊，2019（2）．

［7］魏玮，张兵．中国投资回报率的国际比较及启示．企业经济，2020（10）．

［8］陈彦斌，等．人口老龄化对中国高储蓄的影响．金融研究，2014（1）．

［9］陈敬．背离世界银行型多支柱养老金模式——后金融危机时期中东欧国家养老金改革评析．现代经济探讨，2017（4）．

［10］王俊秀，刘晓柳．现状、变化和相互关系：安全感、获得感与幸福感及其提升路径．江苏社会科学，2019（1）．

［11］郑建君．中国公民美好生活感知的测量与现状——兼论获得感、安全感与幸福感的关系．政治学研究，2020（6）．

［12］易纲．中国的利率体系与利率市场化改革．金融研究，2021（9）．

［13］郑秉文．养老保险中的税收楔子与激励相容机制设计．财政研究，2021（4）．

［14］郑秉文，董克用，等．养老金改革的前景、挑战与对策．国际经济评论，2021（4）．

［15］路锦非，杨燕绥．第三支柱养老金：理论源流、保障力度和发展路径．财经问题研究，2019（10）．

（三）网络文献

［1］田向阳，张磊．美国养老金体系与资本市场．新浪财经网站，

(2012-02-16)[2024-01-02]. http://finance.sina.com.cn/stock/stocktalk/20120216/173111394114.shtml.

[2] 楼继伟. 建议社保基金投资基准长期化, 同时允许配置部分海外市场. 21世纪经济报道, 腾讯财经网站, (2000-01-11)[2023-05-18]. https://finance.qq.com/a/20200111/029720.htm.

[3] 杨俊. 智利私有化改革带给我们的不是经验, 而是教训. 光明网-理论频道, (2017-07-06)[2023-05-16], https://theory.gmw.cn/2017-07/06/content_24996181.htm.

[4] 张敬国, 刘怡. 中国利率走势变化分析. 澎湃号—中国金融40人论坛, (2020-12-02)[2023-08-19]. https://www.thepaper.cn/newsDetail_forward_10221481.

后 记

养老金制度关系人民福祉，其发展与政治、经济、社会等因素关系密切。而关联愈广，研究愈难。本书虽有志于此，但囿于作者才学疏薄，遂使成书下不能致学科专业之精微，上不能达视通万里之宏阔，唯愿将内心之图景诉诸文字，管见之识，勿贻笑大方是盼。

本书之出版，仰赖单位开放包容之学术风气，承蒙同事赐不吝之教，行鼎力之助，获益良多，感佩莫名。

家中妻女，亦亲亦友。为亲者，柴米油盐，家长里短，嬉笑忘形，冲撞不仇，平添生活几多生机。为友者，妻常劝学，多思量，少空谈，勤于文章；小女虽幼，然自恃小学文理之知，常跃跃然与人辩论，少年意气，不拘樊篱，诚是有趣。

慈母健在，年逾古稀。老吾老以及人之老，念兹在兹！

张 兴

2024 年 7 月于北京

图书在版编目（CIP）数据

养老金制度结构性调整研究/张兴著．
北京：中国人民大学出版社，2024.10. -- ISBN 978-7
-300-33293-2

Ⅰ. F249.213.4

中国国家版本馆 CIP 数据核字第 20249UD833 号

养老金制度结构性调整研究
张　兴　著
Yanglaojin Zhidu Jiegouxing Tiaozheng Yanjiu

出版发行	中国人民大学出版社	
社　　址	北京中关村大街 31 号	邮政编码　100080
电　　话	010-62511242（总编室）	010-62511770（质管部）
	010-82501766（邮购部）	010-62514148（门市部）
	010-62515195（发行公司）	010-62515275（盗版举报）
网　　址	http://www.crup.com.cn	
	http://www.ttrnet.com（人大教研网）	
经　　销	新华书店	
印　　刷	北京昌联印刷有限公司	
开　　本	720 mm×1000 mm　1/16	版　次　2024 年 10 月第 1 版
印　　张	13 插页 1	印　次　2024 年 10 月第 1 次印刷
字　　数	167 000	定　价　58.00 元

版权所有　　侵权必究　　印装差错　　负责调换